Mögen alle Wesen glücklich sein

Luise Reddemann / Sylvia Wetzel

Mögen alle Wesen glücklich sein

Mitgefühl und Gerechtigkeit neu entdecken

Patmos Verlag

VERLAGSGRUPPE PATMOS

PATMOS
ESCHBACH
GRÜNEWALD
THORBECKE
SCHWABEN

Die Verlagsgruppe
mit Sinn für das Leben

MIX
Papier aus verantwortungsvollen Quellen
FSC® C083411
www.fsc.org

Für die Verlagsgruppe Patmos ist Nachhaltigkeit ein wichtiger Maßstab ihres Handelns. Wir achten daher auf den Einsatz umweltschonender Ressourcen und Materialien.

Bibliografische Information der Deutschen Nationalbibliothek
Die Deutsche Nationalbibliothek verzeichnet diese Publikation in der Deutschen Nationalbibliografie; detaillierte bibliografische Daten sind im Internet über http://dnb.d-nb.de abrufbar.

ein Unternehmen der Verlagsgruppe Patmos
in der Schwabenverlag AG, Ostfildern
www.patmos.de

Umschlaggestaltung: Finken & Bumiller, Stuttgart
Umschlagabbildung: © shutterstock
Druck: CPI books GmbH, Leck
Hergestellt in Deutschland
ISBN 978-3-8436-0996-8

Inhalt

Gemeinsames Vorwort

Wir leben in einer Umbruchzeit, viele Menschen fühlen sich verloren und immer mehr scheinen es auch zu sein. Millionen sind auf der Flucht, werden wie Waren hin- und hergeschoben und sind bedroht von Hunger und Gewalt, Folter und Krieg. In Europa und Nordamerika leben wir immer noch in relativer Sicherheit, und viele Menschen fragen sich, wie sie helfen können. Aber viele fragen sich das leider auch nicht, sondern flüchten aus Angst vor dem Unbekannten in Ausgrenzung und Feindseligkeit.

Wir wollen in diesem Buch aus ärztlich-psychotherapeutischer und buddhistisch-philosophischer Sicht folgenden Fragen nachgehen: Was bedeuten die Begriffe Gerechtigkeit und Mitgefühl für uns? Welche Rolle spielen sie in der individuellen und kollektiven Entwicklung der Menschen? Wofür brauchen wir sie? Ist die Pflege von Gerechtigkeitsempfinden und Mitgefühl möglich, und falls ja, wie kann das gehen? Wer und was kann uns auf diesem Weg inspirieren?

Wir haben uns entschieden, unterschiedliche Akzente zu setzen. Luise Reddemann geht davon aus, dass Gerechtigkeitserfahrungen eine Voraussetzung sind, um Mitgefühl zu entwickeln. Das kann man an kleinen Kindern beobachten. Werden sie ungerecht behandelt, sind sie weniger mitfühlend. Man kann aber mit gleichem Recht sagen, Mitgefühl sei die Voraussetzung für Gerechtigkeit, so der Ansatz von Sylvia Wetzel. Beide Aussagen haben also ihre Berechtigung.

Anstoß zu diesem Buch gaben zwei gemeinsame Seminare zum Thema Mitgefühl, Solidarität und Vertrauen in Zürich 2014, bei dem auch das Thema Gerechtigkeit eine große Rolle spielte. Wir hatten beide den Eindruck, dass die aufgeworfenen Fragen Material für einige Seminare liefern könnten. Wir entschieden uns dann auf Einladung des Patmos Verlags, unsere Thesen in einem Buch zusammenzustellen.

Wir sprechen hier nicht nur als Fachfrauen aus der Perspektive unserer beruflichen Erfahrungen, sondern auch als Bürgerinnen, denen Erhalt und Vertiefung demokratischer Errungenschaften wie Gewaltenteilung und Meinungsfreiheit, die Fähigkeit, sich mit Argumenten und nicht mit Waffen zu streiten, die politische, soziale und rechtliche Einhegung der Marktwirtschaft und ein respektvolles Zusammenleben aller Menschen ein Herzensanliegen ist. Neben grundsätzlichen Überlegungen und konkreten Vorschlägen stellen wir Übungen und Denkanstöße aus beiden Richtungen vor, u.a. Übungen zum »Achtfachen Pfad«, zur Entwicklung von Mitgefühl für sich und andere und zur Verfeinerung des Gerechtigkeitsempfindens.

Köln und Ludwigsfelde im Frühling 2017
Luise Reddemann und Sylvia Wetzel

Teil I

Die Perspektive einer Psychotherapeutin

Luise Reddemann

I. Gerechtigkeit

Was ist Gerechtigkeit?

Das Thema Gerechtigkeit wird in jüngster Zeit im öffentlichen Gespräch mehr diskutiert, nachdem es über längere Zeit im Untergrund verschwunden zu sein schien. Inzwischen beschäftigt das Thema soziale Ungleichheit viele, denn immer mehr Menschen sind davon betroffen. Auch der Deutsche Gewerkschaftsbund machte im April 2017 in einem Artikel darauf aufmerksam, wie sehr sich die globale Ungleichheit weltweit verschärft:

»Die Einkommen haben sich laut Oxfam global sehr unterschiedlich entwickelt. Die Jahreseinkommen der ärmsten 10 Prozent der Weltbevölkerung stiegen in den vergangenen 30 Jahren nur um 65 US-Dollar, wohingegen die Einkommen des obersten Prozents um knapp 12000 Dollar wuchsen.

Die extreme Ungleichheit hat ihre Ursachen: Neben dem Ausbau des Niedriglohnsektors und prekärer Beschäftigung in vielen Industriestaaten sank vielerorts auch die Zahl der Beschäftigten, deren Rechte durch Tarifverträge geschützt sind. Geschäftsmodelle breiten sich aus, die sich nur am finanziellen Wohlergehen der Aktionäre orientieren.

Armut zwingt viele Menschen dazu, ihre Heimat zu verlassen. Ungleichheit ist sozial ungerecht und bringt wirtschaftliche Probleme. Sie ist aber auch ein Problem für die Demokratie: Wenige Superreiche werden politisch einflussreicher, während sich in der Bevölkerung Politikverdrossenheit und Abstiegsängste breit machen.«[1]

An der Wurzel sozialer Ungerechtigkeit geht es um Gerechtigkeit bzw. Ungerechtigkeit; insoweit ist Gerechtigkeitsempfinden und der Einsatz für gerechtere Verhältnisse in allen Bereichen gemeinschaftlichen Lebens von großer Bedeutung. In meinem Buchteil möchte ich das Thema vor allem mit Hilfe von Geschichten mit Leben erfüllen. Meine Reflexionen und Geschichten sowie die Beschäftigung mit ihnen sollen Sie als Leserin oder Leser dazu einladen, Ihren eigenen Erfahrungen zu begegnen und Schlüsse zu ziehen.

Einige allgemeine Überlegungen zu Gerechtigkeit

Was Gerechtigkeit ist oder sein könnte, kann man manchmal besser erkennen, wenn man sich mit Ungerechtigkeit beschäftigt. Psychologisch betrachtet, wird Ungerechtigkeit in der Regel als Willkür und Demütigung empfunden und ist mit einem Machtgefälle verbunden. Das führt zum Erleben von Ohnmacht, Wut, Beschämung und Scham. Menschen, die das erfahren müssen, fühlen sich oft so sehr entmutigt, dass sie nicht mehr fähig sind, um Gerechtigkeit zu kämpfen oder sich zumindest in einem gewissen Maß dafür einzusetzen.

Beim Gerechtigkeitsempfinden geht es darum zu erleben, dass wir Rechte haben, die auch geachtet werden. Rechte sind ein starker Schutz vor Abhängigkeit und Willkür und auch ein Schutzwall gegen Ohnmacht. Würde und Gerechtigkeit haben viel miteinander zu tun, können einander bedingen. Ungerechtigkeit wird deshalb meist als Entwürdigung erlebt und Gerechtigkeitserfahrungen als Würde stärkend.

Es könnte sein, dass es so etwas wie einen Hunger nach Gerechtigkeit gibt, der, wenn er nicht gestillt wird, zu ähnlichen Folgen führt wie Hunger auf der physischen Ebene, also zu Not, Verzweiflung und schließlich auch Aggression.[2] Dazu meint Erich Fromm, dass Gefühle wie Liebe, *Gerechtigkeit,* Wahrheit, Freiheit und Gleichheit in der Charakterstruktur des Menschen verwurzelt sind. Fromm ging davon aus, dass die Frustrierung der daraus resultierenden Bedürfnisse zu gleichen Reaktionen führen wie die Frustrierung biologischer Antriebe – wir würden heute von Bedürfnissen sprechen.

Gerechtigkeitssinn als Hunger

Ich lade Sie ein, dem nachzuspüren: Gerechtigkeitssinn als eine spezifische Form von Hunger, der gestillt sein will – bei einem selbst – und der auch von dem Verlangen getragen ist, dass der Hunger anderer Menschen ebenfalls gestillt wird.

Schon in der Alltagssprache kann man vielfältige Bedeutungen des Begriffs entdecken: Wir sprechen von ausgleichender Gerechtigkeit, Geschlechtergerechtigkeit, Verteilungsgerechtigkeit, Steuergerechtigkeit, und den LeserInnen werden sicher noch weitere Begriffe einfallen.

Gerechtigkeit hat also viele Facetten. Es lohnt sich darüber nachzudenken, wie diese vielen Facetten im eigenen Leben zusammenhängen. Auf zwei will ich hier beispielhaft verweisen.

Die ökonomische Facette

Immer mehr Ökonomen warnen vor den Folgen einer wachsenden sozialen Ungleichheit.[3] Leider betrachten sehr viele derjenigen, denen es gut geht, diejenigen, denen es schlecht geht, nach dem Motto: »Selber schuld!« Durch die aktuellen neoliberalen Tendenzen wird diese Haltung verstärkt. Auch bestimmte psychologische Richtungen vertreten eine gänzlich apolitische Haltung nach dem Motto, jeder könne ein Optimum erreichen – man nennt das auch Selbstoptimierung –, wenn er sich nur genügend bemühe.

Schuldzuweisung und Selbstoptimierung

Der problematischen Haltung, anderen die Schuld für ein Benachteiligtwerden zu geben und von ihnen Selbstoptimierung zu erwarten, können wir auch bei uns selbst nachspüren.

Geschwisterlichkeit

Für Frauen liegt ein Dilemma in dem viel gepriesenen Leitspruch: »Freiheit, Gleichheit, *Brüderlichkeit*«, daher plädiere ich aus Gründen der Gerechtigkeit für: »Freiheit, Gleichheit, *Geschwisterlichkeit*«.

Wie fühlt sich »Brüderlichkeit« an?

Ich lade Sie ein, den beiden Varianten nachzuspüren. Fühlt sich das gleich an oder gibt es da für Sie Unterschiede?

Brüderlichkeit kann eigentlich nur immer weiter zu Ungerechtigkeit führen, weil das Wort ja nahelegt, es gehe um Gleichheit unter Männern. Übrigens wurde die Kämpferin für Gleichberechtigung der Geschlechter, Olympe de Gouges, für genau dieses Anliegen auf der Guillotine hingerichtet.

Meine Themen

Der gesamte Text dieses ersten Buchteils ist durchzogen von meinem Blick auf Gerechtigkeit aus der Warte einer Psychotherapeutin, die seit Jahrzehnten mit schwer belasteten und gekränkten –

traumatisierten – Menschen arbeitet. Das heißt, hier fordert mich mein Mitgefühl für die Menschen, die ich begleite, auf, nach Gerechtigkeit zu suchen, ja zu rufen.

Den Ursprüngen von Gerechtigkeits- und Ungerechtigkeitserleben gehe ich anhand von entwicklungspsychologischen Erkenntnissen nach. Damit meine ich, wie sich im kindlichen Erleben und in der kindlichen Erfahrung der Gerechtigkeitssinn entwickelt. Geschichten, die ich als Psychotherapeutin gehört habe, haben mir einiges verdeutlicht, und Märchen können zu tieferem Verstehen verhelfen.

Fragen der Ethik liegen mir sehr am Herzen. Daher beziehe ich mich auf Erich Fromm, der sich, als das in der Psychotherapie noch wenig üblich war, mit Fragen der Ethik und damit auch der Gerechtigkeit beschäftigt hat. Er ist mir besonders wichtig, wenn ich der Frage nachgehe, inwieweit Gerechtigkeit und Liebe miteinander zu tun haben.

Mit Hilfe des 2010 verstorbenen Historikers Tony Judt will ich Spuren verfolgen, die inzwischen leider zu der haarsträubenden öffentlichen Situation geführt haben, dass Ungerechtigkeit wie selbstverständlich hingenommen wird.

Da ich das Thema Geschlechtergerechtigkeit für wichtig halte, werde ich beispielhaft den Umgang mit komponierenden Frauen beleuchten, die damit auch Anerkennung bekommen wollten, und wie ungerecht mit ihnen über die Jahrhunderte hinweg umgegangen wurde.

Meine Gedanken sind wie ein bunter Strauß, und doch gibt es zum Thema Gerechtigkeit so viel Nachdenkenswertes und Anregendes von klugen Menschen, dass ich nur einige Facetten der Thematik zur Sprache bringen kann. Ich beschränke mich auf einige Aspekte, die mir als Psychotherapeutin besonders am Herzen liegen.

Die Seele braucht Gerechtigkeit

Gerechtigkeit *und* Mitgefühl in der Psychotherapie

In der Psychotherapie geht es meist um das Verstehen von Erfahrungen einzelner Menschen.

Mitgefühl mit dem Kind, das ich war

Vielleicht sind Sie als Leserin oder Leser bereit, sich an Ihre Reaktionen als Kind zu erinnern, wenn Sie sich ungerecht behandelt gefühlt haben; leider kann das gelegentlich schmerzlich sein, und Sie müssen sich natürlich nicht erinnern, wenn Sie nicht möchten.

Vielleicht ist es Ihnen möglich, sich mit Mitgefühl diesem Kind anzunähern, das sich ungerecht behandelt gefühlt hat. Vielleicht finden Sie aber auch zu guten Erinnerungen, z.B. wie Ihre Eltern sich bemüht haben, alle Kinder gerecht zu behandeln, wenn es um Ausflüge und Reisen ging, um gemeinsame Spiele etc., und können dies mit Freude und Dankbarkeit auf sich wirken lassen.

In meiner Kindheit war es noch sehr verbreitet, dass Söhne von den Eltern bevorzugt wurden, zum Teil sehr direkt, zum Teil indirekt. So wurde z.B. davon ausgegangen, dass Mädchen »ja sowieso heiraten«, weshalb sie keine höhere Schule besuchen oder gar studieren sollten. Das war, kann man sagen, schreiend ungerecht. Es wurde damals aber als »normal« angesehen, und ein Unrechtsbewusstsein für solche Haltungen und Einstellungen gab es selten. Das heißt, Gerechtigkeitssinn setzt einerseits Mitgefühl voraus und auch ein Rechts- oder Unrechtsbewusstsein, das nicht immer gegeben ist und sich auch historisch und gesellschaftlich im Laufe der Zeit verändern kann und verändert hat.

Gerechtigkeit wird von vielen Menschen so erlebt, als wisse man genau, was sie ist. Bald kann man aber bei kritischer Betrachtung bemerken, dass z.B. die Gerechtigkeit, die durch Gesetze garantiert wird, häufig nicht mit individuellen Vorstellungen in Einklang zu bringen ist.

Weil für mich Gerechtigkeit ein wichtiges Thema ist und Mitgefühl mich immer wieder nach Gerechtigkeit rufen lässt, habe ich mich mit Gerechtigkeitskonzepten beschäftigt, wie sie in Philosophie und Sozialpsychologie auf vielfältige Weise beschrieben werden. Nimmt man z.B. die Philosophie, so gibt es von Aristoteles bis heute unzählige, teilweise einleuchtende, teilweise aus meiner Sicht geradezu abstruse Ideen dazu.

In unserer Kultur wird meist auf die Tugendlehre von Aristoteles verwiesen, wenn man nach den Wurzeln schaut. Gerechtigkeit galt als Tugend, und dies wurde in den letzten zwanzig Jahren von der Positiven Psychologie aufgegriffen. Hier geht es vor allem um die Frage, was einzelnen Menschen, aber auch Gruppen, zu Wohlbefinden verhilft, und Gerechtigkeit wird als eine der Grundbedingungen von Wohlbefinden angesehen.

Wer sich für mehr interessiert, als ich hier beschreiben kann, findet eine gute Einführung in einem Buch des Philosophen Wilfried Hinsch von der Universität Köln: »Die gerechte Gesellschaft«[4]. Die Philosophin Seyla Benhabib, auf die ich mich häufiger beziehen werde, hat sehr gründlich über Gerechtigkeitstheorien in Bezug auf Männer und Frauen nachgedacht.[5] Übrigens sind die meisten Gerechtigkeitstheorien mit einem männlichen Blick verbunden, der nicht unbedingt gerecht ist in Bezug auf Frauen! Aristoteles hielt Gerechtigkeit für eine zentrale Tugend, wobei sich das auf Männer bezog! Seyla Benhabib weist darauf hin, dass mit dem »relevanten Anderen« immer nur der Bruder gemeint war.[6]

Hilfreich für ein tieferes Verständnis fand ich Theorien und Empfehlungen des Sozialpsychologen Leo Montada. Er betrachtet Gerechtigkeit als »moralischen Imperativ für das soziale Leben«; sie sei nicht nur Mittel, sondern ein Zweck an sich selbst. Der Begriff »Zweck an sich selbst« geht auf Kant zurück. Und Kant meinte, dass nur der Mensch selbst und nicht die Außenwelt seinen Selbstzweck bestimmen kann. Wenn Sie das kurz auf sich wirken lassen, werden Sie merken, wie häufig das in unserem Alltag nicht der Fall ist.

Montada meint, dass Wahrnehmung von Gerechtigkeit in Beziehungen nicht auf Eigeninteresse reduziert werden kann. Von daher wohl die Idee, dass Gerechtigkeit ein »Zweck an sich selbst« sei. Man kann auch sagen, dass unser Gerechtigkeitsempfinden uns einfach auffordert, uns mit ihr auseinanderzusetzen – und im günstigen Fall uns für Fairness einzusetzen.

Gerechtigkeit versteht Montada als moralische Pflicht, der wir uns schwer entziehen können, und er weist darauf hin, dass sie nicht vollkommen unter rationaler Kontrolle steht. Mit anderen Worten, Gefühle spielen beim Gerechtigkeitsempfinden eine bedeutende Rolle. Letztlich geht es um Anerkennung und Sichgeliebt-Fühlen.[7]

Vermutlich werden viele Leserinnen und Leser meinen, dass es wichtig ist, sich gerecht zu verhalten. So zumindest geht es mir. Aber, je mehr ich mich in die unterschiedlichsten Theorien vertieft habe, desto mehr empfand ich Ratlosigkeit, und nicht zuletzt auch aus diesem Grund habe ich mich entschieden, mich aus meiner psychotherapeutischen Sicht auf Geschichten und Märchen zu beziehen. Und es mehr den Leserinnen und Lesern selbst zu überlassen, ihre eigenen Theorien zu bilden.

Wenn Gerechtigkeit nicht siegt

Die Frustration der Hoffnung auf Gerechtigkeit kann Menschen verzweifeln lassen und Wut – oder sogar Rachegefühle, manchmal sogar bis zu entsprechenden Handlungen – auslösen, das erleben Psychotherapeutinnen und Psychotherapeuten nicht selten.

Dazu sei an den viel zitierten Michael Kohlhaas erinnert. Heinrich von Kleist[8] hat ihm in einer Novelle eine Art Denkmal gesetzt. Vielleicht kennen ihn manche nur als jemand, der bis ans bittere Ende und ohne jede vernünftige Einsicht um Gerechtigkeit kämpft, in diesem Sinne wird auch umgangssprachlich an ihn erinnert, wenn man sagt, da benehme sich jemand wie ein Kohlhaas. Das erscheint mir ungerecht ihm gegenüber. Denn wenn man die Novelle liest, lässt sich feststellen, dass Kohlhaas lange Zeit bemüht war zu verstehen, sich zurückzunehmen, abzuwarten, obwohl er sich ungerecht behandelt fühlte. Schlimmer wird es, als er erkennen muss, dass der Mann, der ihm großes Unrecht zugefügt hatte, von der Obrigkeit, heute würden wir sagen von den Behörden, unterstützt wird, ja Recht bekommt, obwohl dieser Mann eindeutig gegen das Recht verstieß. Kohlhaas wird immer mehr als Querulant gebrandmarkt, weil er sein Recht einfordert und die Anerkennung, dass ihm Unrecht getan wurde. Es wird immer deutlicher, dass er ins Unrecht gesetzt und von der Obrigkeit im Stich gelassen wird, weil es verwandtschaftliche Verhältnisse gibt zwischen dem Beamten, der die Sache untersuchen soll, und dem Junker, der Kohlhaas massiv angegriffen und sogar seinen Knecht misshandelt hatte.

Ich bin als Psychotherapeutin vielen Menschen begegnet, die sich von Behörden ungerecht behandelt fühlten, wo auch ich den Eindruck hatte, dass ihnen Unrecht angetan wurde. Sätze wie »Wenn du arm bist, musst du früher sterben« scheinen mir nicht gänzlich übertrieben zu sein. Auch in Bezug auf die Entwicklung von Menschen, die sich auf die eine oder andere Weise ungerecht behandelt fühlen, u.a. durch soziales Ausgegrenztsein und Armut, sehe ich Verbindungen.

Kohlhaas ist schließlich der Meinung, wenn ihm nicht Gerechtigkeit widerfährt, habe er das Recht, selbst zu rechten und zu richten. Und am Ende läuft Kohlhaas Amok und nimmt seine Enthauptung als gerechte Strafe für dieses Handeln hin.

In dieser Novelle lassen sich viele Parallelen zu heutigen Problemen mit Amokläufern erkennen. Amokläufer sahen sich ja in aller Regel vor ihren Taten ebenfalls als ungerecht behandelt. Liest man die Selbstbekundungen von Amokläufern, ist das so gut wie immer ein Thema.

Willkür löst, wie erwähnt, bei den Betroffenen regelhaft ein Erleben von Ungerechtigkeit und Ohnmacht aus. Und nach meiner Erfahrung ist es dieses Ohnmachtserleben, das zu Rachevorstellungen führt. Menschen fühlen sich nämlich durch Rachevorstellungen oder gar -handlungen weniger ohnmächtig. Es findet für die Betreffenden eine Art Entlastung statt. Der Mensch, der sich diesen Vorstellungen hingibt, erlebt sich jetzt als mächtig, denn er kann ja etwas »machen«. Zum Glück wird der Rachewunsch nur manchmal in Handlung umgesetzt, meist genügen die entsprechenden Fantasien.

Umgang mit Ungerechtigkeit und Ohnmacht
Ich möchte Sie einladen, sich für einen Moment an eine Situation zu erinnern, in der Sie sich aufgrund ungerechter Behandlung ohnmächtig gefühlt haben und wie Sie damit umgegangen sind.

Man möchte etwas tun, etwas bewegen. Wenn es dabei um das Thema Unrecht geht, kommen leicht wuterfüllte Gedanken auf. Hier kann Mitgefühl mit sich selbst, mit dem wir uns später befassen wollen, entlastend wirken!

Beim Wiederlesen der Novelle spürte ich mehr als in jungen Jahren bei der Schilderung der Geschichte Wut und sogar Verzweiflung, weil mir viele ungerecht behandelte Patientinnen und Patienten in den Sinn kamen. Besonders bedrückend empfinde ich es, dass viele Errungenschaften, die in den 70er Jahren zum Wohle von psychiatrischen Patientinnen und Patienten erreicht werden konnten, heute wieder zurückgenommen werden. Das halte ich für unfair und ungerecht.

Reflexionen über die eigene Einstellung zu Gerechtigkeit
Wie ist Ihre Einstellung zum Thema Gerechtigkeit heute? Können Sie noch Gemeinsamkeiten mit Ihren Vorstellungen als Kind erkennen, oder haben Sie sich sehr verändert? Haben Sie vielleicht resigniert, oder sind Sie eher kämpferischer und mutiger geworden, sich für Gerechtigkeit einzusetzen?

Kennen Sie von sich auch Wut und Rachegefühle, wenn Sie sich ungerecht behandelt fühlen? Wie werden Sie damit fertig?

Es könnte deutlich werden, dass es Mut braucht, sich aus den Fesseln der Ungerechtigkeit zu befreien, und weise Einsichten, wenn man nicht dahin kommen will, wo Michael Kohlhaas landete.

Entscheidungen im Kleinen der Familie wie im Größeren der Gesellschaft sollten die Stimmen jener nicht ersticken, deren Interessen vielleicht nicht in das Korsett offizieller Sprachregelungen passen.[9] Wenn das geschieht, ist es ungerecht. Daher sollten wir uns stets für unterschiedliche Selbstverständnisse, Bedürfnisse und Denkweisen sensibilisieren und uns auch auf diese Art um Gerechtigkeit bemühen.

Ich habe z.B. häufig von Patientinnen und Patienten gehört, wie sehr sie sich als jüngstes Kind gedemütigt gefühlt habe, weil ihnen nicht zugehört wurde. »Sei still, dazu bist du noch zu klein«, hat so manches Kind oft hören müssen, anstatt dass ihm erklärt wurde, dass es aufgrund des Lebensalters Unterschiede gibt. Und dass bestimmte Dinge erst ab einem bestimmten Lebensalter erlaubt sind. (Mir ist bewusst, dass das ein Kind auch nicht immer gerne akzeptiert, aber immerhin fühlt es sich – zumindest partiell – anerkannt in seinem Bedürfnis.) Hier wird wieder deutlich, wie hilfreich Mitgefühl wäre, dass nämlich Ältere sich in Jüngere einzufühlen versuchen.

Nur Beziehungen auf der Grundlage gegenseitiger Achtung der Partner und Partnerinnen und des Austauschs zwischen ihnen können als fair und damit gerecht erlebt werden.[10] Das heißt, es geht nicht zuletzt um ein sehr genaues Hinsehen, das uns hilft, Herrschaftsverhältnisse und -diskurse aufzudecken, damit sich Gerechtigkeit entwickeln kann.

Es geht mir stets darum, das Recht auf Würde der Menschen, die bei mir Rat und Hilfe suchen, nicht zu verletzen. So bin ich froh, dass wir inzwischen ein Patientenrechtegesetz haben, das Patientinnen und Patienten ermöglicht, sich nicht mehr den »Göttern in Weiß« in allem zu unterwerfen, sondern auch Nein zu sagen und sich gegen ungerechte oder unangemessene Behandlungen zu wehren. Ein großer Fortschritt!

Gerechtigkeit in familiären Strukturen

Kinder und Gerechtigkeit

Vermutlich fängt alles in der Kindheit an, wenn wir uns im Vergleich mit unseren Geschwistern als ungerecht behandelt fühlen. Und Kindheit hat ja Folgen!

Das Wohlbefinden der am stärksten benachteiligten Kinder sei ein Maßstab für faire – also gerechte – Lebensbedingungen auch in Deutschland. Denn diese sind entscheidend für die Zukunftsfähigkeit unserer immer älter werdenden Gesellschaft.[11] Doch es wird sehr häufig weggeschaut, nicht bedacht, wie massiv manchen Kindern geschadet wird. Wer etwa macht sich Gedanken, dass wir im Westen z.B. von Kinderarbeit profitieren?

Manfred Liebel, Professor für Soziologie, beschäftigt sich intensiv mit dem Thema Kinder und Gerechtigkeit in seinem gleichnamigen Buch.[12] Er fordert, dass Kinderrechte als Menschenrechte zu gelten haben, die Kindern ebenso zustehen wie Erwachsenen. Interessanterweise betonen Liebel in Bezug auf Kinder ebenso wie der Altersforscher Andreas Kruse, wie wichtig es sei, Rechte sowohl für Kinder als auch für alte Menschen nicht von kognitiven Kompetenzen abhängig zu machen.[13]

Auch im Mangel an Handlungsautonomie etwa sehr junger Kinder sehe er keinen legitimen Grund, diesen Kindern Rechte vorzuenthalten oder abzusprechen, weil sie ebenso wie ältere Kinder menschliche Wesen sind, die einen Anspruch auf Respekt und Menschenwürde hätten. Liebel geht von der Annahme aus, dass Rechte, die von Kindern selbst ausgedacht und formuliert werden, einen direkteren und konkreteren Bezug zu ihrem Leben und ihren Vorstellungen von einem gerechteren Leben hätten. In diesem Sinne sei es wichtig, dass wir die von Kindern im alltäglichen Leben praktizierte oder beanspruchte Selbstständigkeit respektieren. Die Angemessenheit von Rechten müsse immer wieder hinterfragt und, wenn nötig, modifiziert und weiterentwickelt werden. Liebel verweist auf Hannah Arendt, die vom Recht, Rechte zu haben, gesprochen hat. Er spricht von Gerechtigkeit »als höchstem Bezugspunkt und ›Zentralwert‹ des Rechts«[14].

In einer Rezension zu Liebels Buch schreibt die Erziehungswissenschaftlerin Hannelore Häbel, Liebels Buch sei ein »überzeugendes Plädoyer für eine emanzipatorisch-partizipative Interpretation der Kinderrechte, weg von einem paternalistischen Kinderschutzdenken hin zu einem Verständnis von Kindheit als eigenständiger menschenrechtlicher Status. Diese Position steht in wohltuender Distanz zu den im Kontext eines neoliberalen aktivierenden Sozialstaats zunehmenden punitiven Tendenzen, die – trotz vordergründiger Partizipationsrhetorik – im öffentlichen Diskurs wie auch in der sozialpädagogischen Praxis verstärkt auftreten.«[15] Mit anderen Worten, hier tritt jemand sehr engagiert und gegen den Strom schwimmend für Kinderrechte und Gerechtigkeit ein. Und ich fand sowohl Liebels Buch als auch dessen Rezension sehr anregend und hilfreich in Bezug auf das Thema, sich für Gerechtigkeit für Kinder einzusetzen. Ohne Wenn und Aber. Und ich halte es für einen großen Fortschritt, dass es inzwischen in unserer westlichen Kultur sowohl um Gleichberechtigung der Geschlechter geht als auch um Kinderrechte. (Dass auch andere Lebewesen Rechte haben, die wir allzu oft verletzen, möchte ich zumindest erwähnen.)

Aus einer Kita berichtet Katrin Alt Folgendes: Es wird zunächst ein Gesprächsimpuls gegeben:

Das ist der Daumen,
der schüttelt die Pflaumen,
der sammelt sie auf,
der trägt sie nach Haus',
und der kleine, freche Schlingel isst
sie alle auf!

Das Fingerspiel wird mit den Kindern gemeinsam durchgeführt und mit der Frage verbunden, ob es »gerecht« ist, wenn der kleine Finger die Pflaumen allein aufisst. Zu Beginn des Gesprächs sind sich die Kinder einig, dass es nicht sein kann, dass der kleine Finger alle Pflaumen aufessen darf. Im Verlauf des Gesprächs finden sie jedoch folgende Argumente dafür, dass er sie doch alle essen darf: Er muss noch wachsen. Die anderen sind einverstanden, dass er alle Pflaumen aufisst. Sie haben die Pflaumen für ihn gepflückt.[16]

Aus meiner Sicht ist diese Geschichte aus einer Kita nur möglich, weil die Kinder mitfühlend sind. Was nun für die These spräche, dass Mitgefühl eine Voraussetzung für Gerechtigkeitssinn ist. Vermutlich, wie bereits erwähnt, ergänzt sich eben beides.

Geschwisterliebe, Geschwisterrivalität

Auch empathische Eltern, die sich in alle Kinder einfühlen, können nicht verhindern, dass bei Geschwistern Gefühle von Verlustangst und Getrenntsein entstehen und oft daraus resultierend auch Angst und Neid, dass ein Geschwister mehr Zuwendung erfährt. Je jünger ein Kind, desto weniger vermag es kognitiv einzuordnen, dass z.B. die Zuwendung zu einem Baby anders aussehen muss als zu einem älteren Kind. Das ältere Kind fühlt sich benachteiligt, und man müsste es ihm erklären, warum die Eltern mehr Zeit mit dem Baby verbringen. Das könnte viel helfen. Dazu braucht es allerdings Eltern, die verstehen, dass ein Kind diese Dinge nicht ohne Weiteres einordnen kann wie ein Erwachsener und dass das Kind liebevolle Erklärungen benötigt.

Hier fördert Gerechtigkeitsempfinden Einfühlung in die kindliche Psyche und umgekehrt. Einfühlung und daraus resultierendes Mitgefühl sind für Eltern hilfreiche Begleiterinnen, um sich gerecht zu verhalten.

In gewissem Maß gilt Geschwisterrivalität zumindest in unserer Kultur als unvermeidbar. Das sich daraus entwickelnde Gerechtigkeits- und Ungerechtigkeitsempfinden ist ebenso als natürlich anzusehen; man sollte die damit zusammenhängenden Gefühle akzeptieren und dann schauen, wie man damit möglichst gelassen umgehen kann. Die moralische Keule nutzt wenig. Die Forschung hat in den letzten Jahren zeigen können, dass sich Gerechtigkeitsempfinden schon bei Babys nachweisen lässt.

Unterschiede im Umgang mit den verschiedenen Kindern in der Familie ist wohl eher der Regelfall und kann einfach nur der Komplexität von Beziehungen und Bedürfnissen entsprechen. Rein theoretisch müsste es deshalb nicht zu einer Bevorzugung oder

Benachteiligung der einzelnen Kinder kommen. Und das lässt sich möglicherweise auch schon kleinen Kindern vermitteln.

Leider sind zu viele Eltern davon überzeugt, dass sie alle Kinder gleich lieben, was meist eine Illusion ist. Dies betont auch Horst Petri in seinem großartigen Buch über Geschwisterbeziehungen: »Die Erwartung, die alle Eltern an sich haben und die ihnen als Ideal der Erziehung vorschwebt, ist die Gleichbehandlung ihrer Kinder. So lebt sicher die überwiegende Anzahl der Eltern in der Überzeugung, ihre Kinder gleich zu behandeln. Bei näherem Hinsehen erweist sich aber diese Überzeugung als Illusion und das vorgeschriebene Ideal als eine Fiktion. Es gibt keine Gleichheit in der Erziehung.«[17] Kinder spüren das, erkennen das Wunschdenken, können sich aber meist nicht damit auseinandersetzen, weil sie dann die Eltern verletzen würden – und damit immer auch sich selbst. Ein offenes Gespräch würde sicher vieles leichter machen, wenn das Kind dazu von seiner Entwicklung her fähig ist, und das ist in einfachen Worten meist schon relativ früh möglich. Zum Beispiel kann man einem Drei- bis Vierjährigen sagen: »Das Baby ist so klein und kann nicht viel auf einmal trinken/essen, deshalb müssen wir ihm viel öfters als dir etwas zu essen geben, also die Flasche. Und du kannst mir dabei helfen, wenn du Lust hast.« Der Einbezug von Kindern in die Versorgung jüngerer Geschwister ist meist etwas sehr Hilfreiches und kann Ausgeschlossenheitserfahrungen mindern.

Die Ungleichheit in der Erziehung beruht einerseits auf äußeren Faktoren, so Petri: »Jedes Kind trifft bei der Geburt auf eine veränderte Familienkonstellation.« Diese wird dadurch bestimmt, dass auch die Eltern sich entwickeln, sich »ihre persönliche Reife, ihre Auffassung über Erziehungsziele, ihre seelische und körperliche Verfassung und nicht zuletzt ihre soziale Situation in einem ständigen Wechsel befinden«[18]. Das ist relativ eindeutig. Andererseits gibt es eher subtile Ungerechtigkeiten zumindest aus der Warte des Kindes. Oft ist es Eltern leider nicht möglich, damit entspannt umzugehen, wenn die Kinder das thematisieren, sondern sie verteidigen sich und verübeln den Kindern ihre Beschwerden. Aus meiner Sicht kann das auch mit eigenen Erfahrungen der Eltern zusammenhängen, die selbst unter Ungerechtigkeit gelitten haben und jetzt auf keinen Fall wie die eigenen Eltern sein wollen. Dabei verkennen sie manchmal, dass dem etwas Unrealistisches anhaftet. Wenn Eltern sich zubilligen könnten, dass sie ihre Kinder vielleicht doch in unterschiedlicher Weise gern haben, gäbe es eher eine Chance, gelassener darüber zu sprechen.

Petri weist auch auf das Problem der Ungleichheit bei Geschwistern hin, die aus unverschuldeter Ungerechtigkeit, nämlich des Lebens, entsteht. Geschwister können grundverschieden ausgestattet sein. Als Beispiel erwähnt Petri Richard III., wie er von Shakespeare beschrieben wird. Shakespeare betont ja die Bedeutung von körperlicher Behinderung als Wurzel für rasendes Machtstreben, für Intrige, Hinterlist und stellt all dies ins Zentrum dieses Beziehungsdramas und des Brudermords. Das Bruderdrama entwickle sich allein aus der Ungleichheit der Anlagen, meint Petri, jedoch führe diese Ungleichheit zu einer tiefen Verletzung des Selbstgefühls.[19] Diesen Gedanken kann und sollte man verfolgen, jedoch bin ich mir nicht ganz so sicher, wie es Petri zu sein scheint, nicht zuletzt wegen der weit verbreiteten Annahme, dass »gute« Eltern mit allen Kinder gleich umgehen. Doch können wir sicher sein, dass das Kind Richard wirklich so viel Liebe erfahren hat wie das Kind George?

Jedenfalls scheint äußere Attraktivität für die Regulation des Gleichgewichts im Selbstwerterleben von großer Bedeutung zu sein. Äußere Attraktivität bestimmt auch in starkem Maße die Reaktionen der Umwelt mit. Und ein Kind kann das sehr wohl spüren und daran verzweifeln.

Wie kann die Verletzung des Gerechtigkeits- und Gleichheitsprinzips zu so destruktiven Gefühlen führen, dass durch sie die Geschwisterliebe und andere menschliche Beziehungen und ganze soziale Gemeinschaften zerstört werden können? Ähnlich wie Fromm kommt auch Petri zu dem Schluss, dass es sich beim Gerechtigkeitsgefühl um ein fundamentales Bedürfnis handelt.

Kain und Abel

Manche AutorInnen sehen Gerechtigkeit als etwas, das generationsübergreifend »ererbter« Bestandteil sozialer Systeme sei. Sie beschreiben Gerechtigkeit als ein tief verwurzeltes Gefühl, das menschliche Beziehungen reguliert und soziale Systeme in Balance hält. Immer dann, wenn diese Gefühle durch Ungerechtigkeit verletzt werden, können Racheimpulse und Vergeltungsaggressionen entstehen.

Petri verweist auf den Mythos von Kain und Abel:[20] »Es begab sich aber nach etlicher Zeit, dass Kain dem Herrn Opfer brachte von den Früchten des Feldes; und Abel brachte auch von den Erstlingen seiner Herde und von ihrem Fett. *Und der Herr sah gnädiglich an Abel und sein Opfer; aber Kain und sein Opfer sah er nicht gnädiglich an.* Da ergrimmte Kain sehr, und seine Gebärde verstellte sich. [...] Und es begab sich, als sie auf dem Felde waren, erhub sich Kain wider seinen Bruder Abel und schlug ihn tot« (Gen 4,3–5; 8b).

Aus meiner Sicht völlig zu Recht meint Petri, dass es bei dieser Geschichte nicht um einen Beweis der Bösartigkeit der menschlichen Natur gehe, sondern um die Spannungen und Widersprüche zwischen Recht und Unrecht. Gott, als Symbolfigur des übermächtigen Vaters, zerstört das brüderliche Subsystem, indem er durch die Bevorzugung Abels das familiäre Gerechtigkeitsprinzip verletzt, ja, wie ich finde, missachtet. Der Mord an dem Bruder verdeutlicht die Intensität der Vergeltungsaggression, die durch Ungerechtigkeit bewirkt wird.

Ich habe es als Kind so vermittelt bekommen, als sei Kain der ganz und gar Böse. Psychologisch betrachtet, ist ganz eindeutig Gott ungerecht, also »böse«. Und dass Kain böse wird, ist eine Reaktion auf den Verrat Gottes, der gegenüber jedem Kind und allen Menschen gerecht sein sollte.

»Gott darf man nicht kritisieren«, meinte eine Rabbinerin, als ich das ansprach. Mag sein, dass das für religiöse Kontexte gilt, für psychologische sicher nicht. Ich denke auch, dass viele dieser Bibelerzählungen einen Gott vorstellen, in den alles Mögliche hineinprojiziert wird. Dieser vermeintlich gerechte Gott, der ungerecht ist und sich völlig willkürlich verhält, spiegelt väterliche Ungerechtigkeit wider und gab somit den Vätern das Recht, ein Gleiches zu tun.

Gerechtigkeit und Ungerechtigkeit in der Bibel

In der Bibel gibt es noch andere Geschichten, in denen um Gerechtigkeit gerungen wird, so z.B. die Geschichte vom »Verlorenen Sohn«. Wie ist es Ihnen als Kind mit diesem Gleichnis ergangen, wie geht es Ihnen heute im Erwachsenenleben damit?

Was Märchen über Gerechtigkeit und Ungerechtigkeit zu sagen haben

Gerechtigkeit als Thema von Märchen

Gerechtigkeit ist ein häufig zu findendes Thema in Märchen, wie auch Petri feststellt.

Im Jahr 2006 veranstaltete die Akademie Bad Boll eine sehr interessante Tagung zum Thema »Märchen und Menschenrechte«. In der Einladung dazu hieß es, dass »Märchen von jeher davon erzählen, wie Benachteiligte einen Weg aus Unfreiheit und Ungerechtigkeit finden«[21].

Eindrückliche Märchen
Welche Märchen fallen Ihnen spontan ein, die bei Ihnen Eindruck hinterlassen haben?

Für mich als Kind waren das vor allem Aschenputtel und Schneewittchen. Es scheint mir bemerkenswert, in wie vielen Märchen Eltern *eines* ihrer Kinder – manchmal auch alle – schlecht behandeln, vor allem vernachlässigen und willkürlich mit ihnen umgehen, ganz wie Gott mit Kain und Abel.

Die LeiterInnen der Tagung gingen davon aus, dass Streben nach der Durchsetzung des Rechts und Sehnsucht nach Gerechtigkeit den Menschen sein ganzes Leben lang begleiten. Kinder erwarten und verlangen schon früh, dass ihre Eltern in die Auseinandersetzung von Geschwistern schlichtend eingreifen. Und werden damit oft genug alleingelassen, weil die Eltern sich überfordert fühlen.

In der Kohlhaas-Novelle wird deutlich, dass der Wunsch nach gerechten Eltern auf »die Obrigkeit« übertragen wird. Weder bei den Eltern noch bei der Obrigkeit können wir Ungerechtigkeit gut ertragen. Ich empfinde es von daher als notwendig, dass wir uns mit dem beschäftigen, was als ursächlich sowohl für Neiden als auch für Gönnenkönnen angesehen werden kann, nämlich Ungerechtigkeit bzw. Gerechtigkeit.

Wünsche nach Gerechtigkeit und Sorge um Ungerechtigkeit in Märchen

In einer Sendung im Deutschlandfunk zur eben erwähnten Tagung in Bad Boll 2006 mit dem Titel »Erzähl mir von Freiheit und

Gerechtigkeit«[22] wurden Märchen so eingeführt, dass sie eher Anklänge an Feudalgesellschaften hätten. Das klingt altertümlich, jedoch gibt es in unserer vom Neoliberalismus geprägten Welt nicht wenige Anklänge an die Feudalgesellschaften: Reiche werden immer reicher, Arme immer ärmer. Die Rechte der Armen zählen wenig.

Weiter ist davon die Rede, dass Märchen moralische Werte vermitteln, sie wollen keinen Turbokapitalismus und beschreiben, wie wir leben *sollten*. Sie wenden sich an unsere Gefühle, an unser Gewissen und können auf diese Weise Kindern Trost und Hoffnung spenden, früher möglicherweise auch Armen und Unterdrückten. Es ist ungerecht, wenn Kindern die Entfaltung ihrer Fähigkeiten, das Erlernen eines Berufs, ihr Platz in der Gesellschaft verweigert wird.

Märchen sind Hoffnungsgeschichten. Sie verleihen den Wünschen der Menschen ihre Stimme, indem sie deren Sehnsucht nach Freiheit und Gerechtigkeit zum Ausdruck bringen. Sie sind auch ein Ansporn, die Welt zu verändern. Denn es geht darum, Menschen aus einer Mangelsituation heraus zu ihrem Recht, also zu Gerechtigkeit und zur Freiheit zu verhelfen.

Freiheit und Gerechtigkeit sind schwerlich zu trennen. Märchen können uns in Reiche der Hoffnung entführen und tun das mit Hilfe von Poesie, Magie, Symbolen und Metaphern. Wir sollen hoffen können, dass Kleine und Schwache zu ihrem Recht kommen und dass Unterdrückung, Not, Armut, Gewalt und Ungerechtigkeit nicht ewig gelten, sondern Befreiung zu Frieden und Glück möglich ist.

Märchen erzählen von den Wunschträumen der Völker und jedes Einzelnen. Ihre Wahrheit liegt darin, dass sie Sehnsüchte immer wieder in Erinnerung rufen und ihnen Sinn verleihen. So erzählt z.B. das Märchen von Hans im Glück, dass der Traum von Freiheit wahr werden kann.

Märchen schaffen mit ihren Bildern Möglichkeiten. Wer hätte sich nicht gefreut, dass Märchenheldinnen und -helden am Ende Königinnen und Könige werden? Welches Kind möchte nicht gerne Sterntaler sein, das sein letztes Stück Brot großzügig verschenkt? »Bis aufs Hemd« gibt es alles her, und dann fallen die Sterne als Taler vom Himmel, quasi als »himmlische Gerechtigkeit«.

Auf der Tagung in Bad Boll wurde auch über die Art berichtet, wie in Afrika, etwa in Benin, in Märchen Gerechtigkeit thematisiert wird:[23] Als Fürsprecher der Gerechtigkeit gelten dort die alte Frau, das merkwürdige Kind und der Hase.

Die Alte sorgt z.B. häufig dafür, dass die Stiefmutter ihr Stiefkind gleichermaßen wie ihr leibliches Kind behandelt und die Gesetze des Gemeinschaftslebens beachtet.

Der Hase gilt ebenfalls als Garant der Gerechtigkeit, denn er wendet in zahlreichen afrikanischen Märchen seine List gegen Riesentiere wie Löwen, Panther und Leoparden an, die meist ihre Kräfte einsetzen, um die Kleinen zu terrorisieren oder zu töten. In den Märchen, die den Löwen mit dem Hasen konfrontieren, triumphiert dieser immer über ihn. Vor dem physisch kleinen und schwachen Hasen haben Riesentiere in diesen Märchen das Nachsehen. In vielen dieser Märchen schützt der Hase durch seine Schlauheit den Schwächeren vor dem Stärkeren und stellt die Gerechtigkeit wieder her. In unseren europäischen Märchen gibt es den »Dummling«, der am Ende siegt, oder ein jüngstes Geschwister, das Erfolg hat.

Auch das »merkwürdige Kind« bekämpft in vielen afrikanischen Märchen die Ungerechtigkeit mancher Könige, Häuptlinge oder Dorfchefs, die ihre Autorität und ihre Macht missbrauchen. Etliche Märchen zeigen, wie manche Könige ihren Untertanen verbieten, schlauer oder intelligenter zu sein als sie, was ein Verstoß gegen das freie Denken und somit ungerecht ist und aus unserer heutigen Sicht eine Verletzung der Menschenrechte darstellt. Ein König, der seinem Volk dieses Recht entzieht und mit der Hinrichtung desjenigen droht, der seine Meinung frei äußert, darf als willkürlich, tyrannisch und despotisch bezeichnet werden. Glücklicherweise haben solche Herrscher keine Chance bei dem schlauen Kind, denn es gebietet in den Märchen nicht nur ihrer Willkür und Tyrannei Einhalt, sondern stellt auch die Gerechtigkeit wieder her und sorgt dafür, dass die Rechte des Volkes und der Bürgerinnen und Bürger eingehalten werden.

Betrachtet man diese afrikanischen Märchen, erkennt man durchaus kulturübergreifende Bedürfnisse nach Gerechtigkeit, vor allem, dass den Schwachen Gerechtigkeit widerfahren soll und die Mächtigen häufig als ungerecht angesehen werden.

Weitere Gerechtigkeitsperspektiven in Märchen

Ähnlich wie Petri möchte ich mich nun konkret auf einige Märchen beziehen, die aus unserer Kultur stammen, denn es sind vor allem Gerechtigkeit und Ungerechtigkeit im Umgang der Eltern mit ihren Kindern, die in zahlreichen Märchen eine bedeutende Rolle spielen.

Aus meiner Sicht spiegeln Märchen häufig die Gerechtigkeitsperspektive des Kindes wider, die nicht aufgegeben wird oder aufgegeben werden kann, weil die Verletzung zum einen sehr tief sitzt und zum anderen sich ja im Lebenslauf häufig wiederholen kann. In solchen Situationen können dann die alten, kindlichen Gefühle reaktiviert werden, so dass wir uns wieder ganz ohnmächtig fühlen und vergessen, dass wir als Erwachsene – zumindest in unserer Kultur – eine Reihe von Möglichkeiten haben, uns gegen Ungerechtigkeit zu wehren.

Märchen beschreiben in sinnlich bunten Bildern, wie wir leben sollten. Diese Bilder können uns Trost spenden. Sie formulieren Ideale und verweisen doch sehr selten nur auf ein besseres Jenseits. So ermöglichen sie Hoffnung, nicht zuletzt als Ansporn, *diese* Welt zu verändern.

Ich erinnere mich gut, dass ich als Kind die drakonischen Strafen in den Märchen einerseits schlimm, aber doch auf eine Art beruhigend, weil gerecht, empfand. Märchen ermutigten mich, auf Gerechtigkeit zu achten. Sie bestärkten mich darin, an meine Ideale von Gerechtigkeit zu glauben. Die aktuelle Forschung an Babys und Kleinkindern konnte zeigen, dass diese auf ungerechtes Verhalten jeweils auch mit Ablehnung der Personen bzw. der Spielfiguren reagierten, die sich zuvor unfair verhalten hatten.[24]

Die ethischen Systeme aller großen Kulturen haben eine erstaunliche Ähnlichkeit in allem, was für die Entwicklung des Menschen als notwendig erachtet wird, also jener Normen, die sich aus der Natur des Menschen und den für sein Wachstum nötigen Bedingungen ergeben.[25] Dies spiegelt sich in vielen Märchen wider. In diesem Sinne hier ein Märchen aus meiner schwäbischen Heimat.

Positivbeispiele: Gerechtigkeit im Märchen

Die verstorbene Gerechtigkeit

Vor langer Zeit lebte ein gewaltig reicher und mächtiger Graf, dem alles nach seinem Kopf gehen mußte. Er fragte nicht nach Recht und Billigkeit, sondern schaltete und waltete nur nach Willkür. Da kam er einmal auf einem Spazierritt zu einem großen, schönen Landhaus, das ihm gar sehr in die Augen stach. Er besichtigte deshalb das ganze Gehöft und ritt dann vor das Haus hin, wo eben der Bauer, dem das Anwesen gehörte, unter der Haustür stand. Der Graf grüßte ihn freundlich, stieg vom Roß und sprach: »Guter Freund, möchtest du mir nicht deinen Hof zu kaufen geben? Ich würde ihn sehr gut bezahlen.«

Der Bauer aber bedachte die Frage nicht lange und antwortete: »Euer Gnaden, nichts für ungut. Aus dem Handel wird nichts, denn auf diesem Hof saßen meine Voreltern schon, und ich will auch darauf meine alten Tage zubringen. Also nichts für ungut!«

Da sagte der Graf: »Ich will dir bis morgen Bedenkzeit lassen. Überleg es dir gut.« Dann stieg er auf sein Pferd und sprengte von dannen.

Der Bauer blieb aber bei seinem Vorhaben, schüttelte den Kopf und dachte sich: Daraus wird nun einmal nichts.

Am folgenden Tag kam der Graf schon in aller Frühe dahergeritten und fragte, ohne abzusteigen, den Bauern, was er jetzt beschlossen habe. Da antwortete der Bauer: »Ich habe, Euer Gnaden, meinen Entschluß nicht aufgegeben. Ich bleibe auf meinem Hof, und aus diesem Handel wird nichts.«

Da wurde der Graf wild und sprach: »Ich frage dich noch einmal, ob du dein Anwesen gutwillig hergeben willst. Wo nicht, so bekomme ich es doch!«

Der Bauer schüttelte jedoch seinen Kopf und erwiderte: »Dabei bleibt's, ich verkaufe meinen Hof nicht.«

Nun wurde der Graf ganz wild vor Zorn und sprengte mit seinem Roß auf und davon. Er ritt spornstreichs zu einem Advokaten, bestach ihn mit vielem Gold und ließ dem Landmann einen Prozeß anhängen. Die Richter wußten, daß der Graf ein steinreicher Mann war und bei dem Handel Geld herausschaute. Deshalb hielten sie zu dem Grafen und versprachen ihm, das Bäuerlein mürbe zu machen. Sie ließen nun den Bauern durch den Gerichtsdiener herbeiholen und fragten ihn, ob er seinen Hof verkaufen wolle oder nicht. Als er ein entschiedenes Nein erwiderte, wurde ihm eine Klageschrift vorgelesen, und es wurde ihm gesagt, wenn er den Hof behalten wolle, so müsse er mit dem Herrn Grafen einen Prozeß führen.

Der einfältige Bauer, der sich nicht zu helfen wußte, ging darauf ein und ließ sich die Sache gefallen. Der Graf hatte einen pfiffigen Advokaten, der Bauer hatte aber keinen, weil er sparen wollte. Da wurde nun hin und her prozessiert und der Bauer so oft in die Stadt gerufen und übertölpelt, bis er ganz verschuldet war. Die Richter entschieden auch gegen ihn, so daß er vom Hof mußte und ihm nur mehr hundert Gulden blieben. Er fügte sich in die traurige Geschichte, machte aber den Richtern bittere Vorwürfe und sprach: »Wenn auf Erden keine Gerechtigkeit mehr ist, so lebt droben noch ein Richter, der euch finden wird.«

Da lachten die Herren, und einer sagte: »Ja, die Gerechtigkeit ist lange gestorben; die kann dir nicht helfen.«

Der betrogene Bauer ging dann schweigend aus der Kanzlei hinaus und begab sich geradewegs zum Kirchenvater. Als dieser den ihm wohlbekannten Bauern kommen sah, rief er ihm freundlich zu: »Grüß dich Gott, Hans! Kommst du auch einmal in die Stadt, mich zu besuchen?«

»Ja«, antwortete Hans, »aber in einer sehr traurigen Lage.« Dann erzählte er dem Kirchenvater die Geschichte und schloß: »Jetzt hab' ich noch hundert Gulden, und die geb' ich dir. Es ist gerade so viel Geld, wie man bei euch in der Stadt da zahlen muß, wenn man die große Glocke für einen Verstorbenen läuten läßt. Da hast du das Geld, und jetzt läute schnell der Gerechtigkeit, weil sie gestorben ist, zu ihrem Hinscheiden. Aber läute recht lang.«

Der Kirchenvater nahm das Geld, ging mit seinem Knecht in den Turm und läutete die große Glocke, und zwar länger als gewöhnlich. Da gab's nun in der Stadt ein Gefrage und Gerede, wer gestorben sei, für wen man so lange läute. Doch niemand wußte Bescheid darauf, und die Neugierde wurde immer größer.

Auch der König, der in derselben Stadt seine Residenz hatte, erkundigte sich, wer gestorben sei, konnte aber keine Auskunft erhalten. Da schickte er einen Läufer zum Kirchenvater und ließ ihn fragen, für wen man so lange geläutet habe.

Der Kirchenvater sprach: »Für die Gerechtigkeit.«

Der Läufer eilte mit dieser Antwort zum König zurück. Wie der König dies hörte, wurde er rot vor Zorn und rief: »Die Gerechtigkeit ist nicht gestorben. Sie schläft nur, und ich will ihr neues Leben einhauchen.« Dann ließ er den Kirchenvater holen und frage ihn, wer die große Glocke für die verstorbene Gerechtigkeit habe läuten lassen.

Dieser sprach: »Eure Majestät, der Schauferle-Hans, der früher Schauferle-Bauer war.«

Wie der König dies erfahren hatte, ließ er sogleich den Schauferle-Hans herbeiholen und fragte ihn, warum er die Glocke habe läuten lassen. Da erzählte Hans, wie er des Grafen wegen von Haus und Hof gekommen war, weil die Gerechtigkeit nicht mehr lebe.

Der König war über die Richter ganz ergrimmt, machte kurzen Prozeß und gab dem Bauern sein Eigentum zurück. Dann ließ er den Grafen, den pfiffigen Advokaten und die bestochenen Richter rufen, die Sache untersuchen und verurteilte allesamt zum Tod. Sie wurden in Gestalt einer Glocke aufgehängt, und in ihrer Mitte zappelte der Graf. Seitdem aber kam die Gerechtigkeit wieder zum Leben, und die Richter sprachen Recht, wie es sich geziemt.[26]

Dieses Märchen erinnert stark an Michael Kohlhaas, aber eben mit gutem Ausgang, weil es dem König möglich ist, für Gerechtigkeit zu sorgen. In der Geschichte des Kohlhaas geschieht dies nicht, weil die Schädiger des Kohlhaas den Kaiser falsch informieren und auf ihre Seite bringen, wobei man sich von einem König erhofft, dass er jeweils beide Seiten anhört, was im Kohlhaas nicht geschieht.

Wie schön wäre es in diesen grauen neoliberalen Zeiten, wenn es noch immer gerechte Könige gäbe! Aber auch mutige Bauern, die sich mit Klugheit und List zu wehren wissen. Die Erwartung im Märchen, in Geschichten und letztlich ja auch im »richtigen Leben« ist, dass Menschen, die Macht haben, sich umfassend informieren, damit sie gerecht entscheiden und handeln können – in Zeiten, in denen alles immer komplexer wird, sicher ein hoher Anspruch.

Im Folgenden betrachte ich noch weitere Märchen, die etwas zum Thema Gerechtigkeit beitragen können.

Märchen lesen heute und gestern
Ich lade Sie ein, dass Sie die Märchentexte – in einer Märchensammlung oder auch im Internet – nochmals nachlesen und sich heute, als erwachsene Person, Gedanken dazu machen und versuchen, sich an Ihre Reaktionen aus der Kindheit zu erinnern.

Das Märchen »Scheeweißchen und Rosenrot« schildert ein Positivbeispiel und beginnt mit einer Idylle: Die beiden Schwestern lieben einander, und offenbar behandelt die Mutter beide gleich, so besitzen beide gleichermaßen ein Rosenbäumchen. Dann taucht der Bär auf, der den Winter bei der Mutter und den beiden Mädchen verbringen darf. Im Frühjahr muss er wieder fort, um seine Schätze zu hüten. Dreimal begegnen die Schwestern dann dem bösen Zwerg, bis der Bär kommt und den bösen Zwerg tötet, und es stellt sich heraus, dass der Bär ein verwunschener Prinz war. Idyllisch ist dann auch das Ende: Schneeweißchen heiratet den Bären, und für Rosenrot steht der Bruder des Prinzen bereit und sie teilen sich die Schätze, die dem Bären gehören.

Dieses Märchen drückt die Sehnsucht nach Geborgenheit und gerechter Verteilung von Gütern und Glück unter Geschwistern sehr schön aus und macht Hoffnung, dass das möglich ist.

Gerechtigkeit und Ungerechtigkeit unter Geschwistern

Vielleicht möchten Sie sich einmal – wenn möglich – unter Freunden austauschen, welche Wünsche Sie an Ihre Geschwister haben und welche guten Erfahrungen Sie mit ihnen gemacht haben. Achten Sie dabei bitte auch darauf, inwieweit Sie sich gerecht behandelt gefühlt haben durch Ihre Eltern oder andere Bezugspersonen. Was wäre gewesen, wenn das nicht der Fall gewesen wäre? Können Sie sich vorstellen, was die Erfahrung von Ungerechtigkeit mit Ihnen gemacht hätte bzw. wie Sie sich dann verhalten hätten?

Und, falls es Ihnen ein wenig ging wie Schneeweißchen und Rosenrot und Sie sich meist gerecht behandelt fühlten, wie hat sich das auf Sie und Ihr weiteres Leben ausgewirkt?

Negativbeispiele: Ungerechtigkeit im Märchen

Jetzt komme ich zur problematischen Geschwisterbeziehung und habe dazu ein serbisches Märchen gefunden:

Gerechtigkeit und Ungerechtigkeit

Ein König hatte zwei Söhne, der eine war hinterlistig und ungerecht, der andere hingegen gut und gerecht. Nachdem ihnen der Vater gestorben war, sprach der Ungerechte zum Gerechten: »Geh fort von mir, wir können nicht mehr zusammenleben, hier hast du dreihundert Goldstücke und ein Pferd, das ist dein Teil vom väterlichen Erbe, mehr hast du nicht zu hoffen.« Dieser nahm die dreihundert Goldstücke und das Pferd und machte sich auf den Weg, indem er sprach: »Nun Gott sei Dank, so viel fällt mir vom ganzen Königreiche zu.« Nach einiger Zeit begegnen sich die Brüder auf einem Weg, beide zu Pferde. Der Gerechte ruft dem Ungerechten gleich entgegen: »Gott helfe dir, mein Bruder!« Dieser aber antwortete: »Gebe Gott nur Weh dir! Warum erwähnst du immer Gottes? Die Ungerechtigkeit gilt nun mehr als die

Gerechtigkeit.« Da entgegnete ihm der Gute: »Komm, lass uns wetten, dass die Ungerechtigkeit nicht besser sei als die Gerechtigkeit.« Und sie wetteten um hundert Goldstücke und kamen überein, dass der Erste, dem sie begegnen würden, darüber entscheiden sollte.[27]

Hier geht es um Geschwister, von denen der eine von Anfang an nach dem Tod des Vaters auf den anderen neidisch ist; der eine wird auch von Anfang an als der Ungerechte beschrieben, während der andere als der Gerechte bezeichnet wird. In diesem Märchen wird nichts dazu gesagt, wie die Beziehung zu den Eltern früher war, der Vater ist bereits tot, von der Mutter ist keine Rede. Wir können uns aber vorstellen, dass der »Ungerechte« sich schon früher ungerecht behandelt fühlte und deshalb Rachefantasien entwickelt hat. Oft scheinen Menschen, die sich als Kinder ungerecht behandelt gefühlt haben, sich nach dem Tod der Eltern berechtigt zu fühlen, nun endlich Rache zu nehmen. Rache und Gerechtigkeit bzw. Ungerechtigkeit werden dann häufig zusammengedacht.

Ich erzähle das Märchen mit eigenen Worten weiter:

Der böse Bruder schadet mit Hilfe des Teufels dem Guten, nimmt ihm sein Geld und sticht ihm auch noch die Augen aus. Wie so oft im Märchen kommt dann in größter Not die Erlösung – wie zufällig, oder wie im Schlaf: Der geplagte Bruder hört nämlich dort, wo er in seiner Not liegen geblieben ist, Nymphen erzählen, dass das Wasser der Quelle, in der sie baden, heilkräftig ist, und er kann sich dadurch retten. Außerdem erfährt er von den Nymphen, dass die Tochter des Königs rettungslos an Aussatz erkrankt ist, und kann sie mit dem Wasser heilen. Der böse Bruder, der von der Heilung und dem Glück seines Bruders erfährt, will nun noch reicher werden. Er nimmt an, dass der andere unter der Tanne, wo er ihn liegen gelassen hatte, sein Glück gefunden habe. Er hört dann auch die Nymphen, aber diese entdecken ihn:

»Und wie sie umherspähend unter die Tanne kamen, entdeckten sie ihn, der gekommen war, sein Glück zu suchen und früher immer gesagt hatte, dass die Ungerechtigkeit besser sei als die Gerechtigkeit. Da packten sie ihn und zerrissen ihn in vier Stücke. Und so hat dem Verfluchten die Ungerechtigkeit geholfen.«

Wir begegnen hier einem Racheimpuls, der in vielen Märchen thematisiert wird.

Jürgen Maes benennt in einer im Internet verfügbaren Arbeit zum Thema »Psychologische Überlegungen zu Rache«[28] vier Wünsche, die durch Racheimpulse zum Ausdruck gebracht werden können:

- der Wunsch nach Wiederherstellung des Selbstwertes,
- der Wunsch nach Wiederherstellung von Sicherheit,
- der Wunsch nach Wiederherstellung von Gerechtigkeit
- sowie der Wunsch, für Ungerechtigkeit zu sensibilisieren.

Diese Wünsche klingen auch in den Märchen an. Jedoch werden in Märchen meist Geschichten erzählt und nicht nach tieferen psychologischen Gründen für ein bestimmtes Verhalten gefragt. Der eine ist eben gut und wird deshalb früher oder später belohnt, der andere böse, wofür er irgendwann bestraft wird. Wenn man verstehen wollte, würde man sicher fragen, was denn den einen hat gut werden lassen und was den anderen böse. Manche Kinder fragen: »Warum ist der denn so?« oder: »Warum ist das so?«, weil sie vielleicht schon ahnen, dass das Verhalten des einen wie des anderen Gründe hat. Diese Fragen könnten auch Erwachsene einladen, sich über die Heilung mancher dieser Übel Gedanken zu machen und vielleicht über deren Prävention.

Kleine Kinder brauchen allerdings das Schwarz-Weiß-Denken, um sich in der Welt orientieren zu können. Das Erkennen und Anerkennen von Grau-Bereichen zeigt sich erst deutlich später in der kindlichen Entwicklung. Menschen, denen viel Unrecht und Ungerechtigkeit widerfahren ist, bleiben oft im Schwarz-Weiß-Denken stecken.

In einigen Märchen wird die Ungerechtigkeit der Eltern sehr genau thematisiert, z.B. im Märchen »Das Wasser des Lebens«[29], das ich wieder mit eigenen Worten nacherzähle.

Das Wasser des Lebens

Auch hier begegnen wir wieder einem König, der schwer krank ist. Die Söhne erkennen zwar, dass der Vater in Not ist, und der eine Sohn will zwar helfen, aber nicht um des Vaters willen, sondern weil er sich erhofft, dann der Lieblingssohn zu sein. Dieser Sohn erweist sich dann als arrogant und antwortet einem Zwerg, der ihn fragt, wohin er will, auf ungehörige Weise. Ungehöriges Verhalten führt im Märchen häufig zu Bestrafung.

Der kranke Vater wartet lange auf die Rückkehr des Sohnes, der sich aber in einer Schlucht verfängt – die Strafe des Zwergs für sein ungehöriges Verhalten, so dass sich schließlich der nächste Sohn auf den Weg macht. Doch auch der benimmt sich wieder ungehörig und erhält die gleiche Strafe. »So geht's aber den Hochmütigen«, heißt es im Märchen.

Schließlich macht sich der Jüngste auf den Weg, und der benimmt sich völlig anders. Er erzählt dem Zwerg, dass er das Wasser des Lebens sucht für seinen kranken Vater, woraufhin ihm der Zwerg genau erklärt, wie er das Wasser des Lebens finden kann.

Wie häufig im Märchen erfährt nun also der Prinz, der sich gut benimmt, Hilfe. Der Prinz folgt den Empfehlungen des Zwerges und findet schließlich eine schöne Jungfrau, die ihm sagen kann, wo und wie er das Wasser bekommen kann.

Als er es gefunden hat, geht er zurück zum Zwerg, erfährt von ihm, wo seine Brüder sind, und rettet sie. Er erzählt ihnen, wie es ihm ergangen war, und vollbringt noch einige gute Taten. Die Brüder neiden ihm sein Glück und fürchten, dass er vom Vater deshalb, weil er ihm das Wasser des Lebens bringt, das Königreich bekommt. Sie aber meinen, dass nur sie dieses Recht haben.

Das geschieht auch in Familien: Die älteren meinen, sie hätten Vorrechte, einfach deshalb, weil sie älter sind, ohne dafür etwas getan zu haben. Jüngere Kinder erleben das häufig als ungerecht. Und ähnlich wie im Märchen versuchen jüngere Kinder tatsächlich gar nicht so selten zu erreichen, dass alles gerecht verteilt wird. Aber natürlich gibt es konflikthafte Situationen, weil es jüngeren Kindern schwerfällt einzusehen, dass sie »zu klein sind«, also dass sie z.B. noch nicht in die Schule gehen können. Und es gab – und gibt es teilweise immer noch – auch in unserer Kultur das Erstgeburtsrecht, das vielerlei Vorrechte mit sich brachte und die Jüngeren massiv benachteiligt(e). Es ist nicht leicht, das zu ertragen. Hier im Märchen gehen die Älteren wie selbstverständlich davon aus, dass sie ein Recht auf das Königsreich haben.

Aus dieser Überzeugung heraus vertauschen die älteren Brüder den Becher mit dem heilkräftigen Wasser, und als der Vater es trinkt, wird er kränker, so dass der Eindruck entsteht, der jüngste Sohn habe seinem Vater schaden wollen. Das ist nun die Gelegenheit für die beiden älteren Brüder, so zu tun, als hätten sie das Wasser des Lebens gefunden und können ihn heilen.

Die älteren Brüder handeln sogar kriminell, um ans Ziel zu gelangen. Im Laufe der Geschichte stellt sich dann heraus, dass die Brüder gelogen haben, und der Jüngste erhält die Anerkennung des Vaters und kann die schöne Prinzessin heiraten. Die Brüder fahren aufs Meer hinaus, um nicht bestraft zu werden. Vielleicht auch um zu lernen, für sich und ihr Handeln Verantwortung zu übernehmen.

In diesem Märchen lässt sich der alte, kranke König immer wieder von den beiden älteren Söhnen betören, was dazu führt, dass er den jüngsten, der ihm eigentlich das Wasser des Lebens gebracht hat, sogar töten lassen will. Für mich heißt das, dass Eltern ihre Kinder nicht immer richtig wahrnehmen, sie nicht sehen als das, was sie wirklich sind, sondern als das, was sie sich von ihnen wünschen und vorstellen, und das kann zu Ungerechtigkeit führen.

Der König stellt keine Fragen. Zu einer an Gerechtigkeit orientierten Verhaltensweise eines Vaters würde ja gehören, dass er nicht nur die einen, sondern auch die anderen anhört, hier also auch den jüngsten Sohn. Dann würde viel schneller deutlich, dass die Älteren gelogen haben könnten. Der König aber hört nur auf die älteren Söhne und will den Jüngsten sogar töten lassen. Der Jäger, der das tun soll, tut es aber nicht, so dass der Jüngste gerettet wird. Der Jäger verhält sich also gerechter als der König. Das kommt auch in anderen Märchen ähnlich vor. Mich erinnert das daran, dass Nachbarn oder Hausangestellte von Kindern oft als hilfreicher erlebt werden können als die eigenen Eltern.

In sehr vielen Märchen werden Eltern als ungerecht dargestellt wie hier der Vater oder wie Gott in der biblischen Geschichte. Die patriarchal-archaische Sicht scheint davon auszugehen, dass Väter ein Recht zur Willkür haben, ähnlich wie die Vertreter der Obrigkeit es in der Zeit der Entstehung der Märchen ja auch hatten. Zufrieden waren die Menschen damit aber offensichtlich nicht. In vielen Märchen kommt Hilfe durch Wesen aus anderen Dimensionen, die für Gerechtigkeit sorgen, wie in diesem Märchen, wo der Zwerg für eine gewisse ausgleichende Gerechtigkeit sorgt und auch der Jäger.

Eines der bekanntesten Märchen, das eine ungerechte Behandlung der verschiedenen Kinder zeigt, ist »Aschenputtel«, das sicher allen Leserinnen und Lesern bekannt ist. Es wird hier die Unterscheidung zwischen Stieftochter und eigenen Töchtern vorgenommen – die nicht in allen Märchen gemacht wird –, so als sei es einigermaßen naheliegend, dass eine Mutter ihre Stiefkinder eben stiefmütterlich behandelt und für die eigenen nur das Allerbeste will. Psychologisch betrachtet, ist die »Stiefmutter« die »böse Mutter«; dass eine Mutter sowohl liebevolle als auch lieblose Seiten hat, kann sich ein kleines Kind nicht vorstellen. In Märchen werden einander widersprechende Seiten oft auf verschiedene Figuren verteilt.

Aschenputtel widerfährt Gerechtigkeit durch die Liebe der verstorbenen Mutter, die ihr immer noch alles zukommen lässt, was sie braucht. Aschenputtel kann also eine innere Verbindung zur Mutter aufrechterhalten. Das könnte bedeuten, dass wir, wenn wir zumindest für einige Zeit Güte und Gerechtigkeit erfahren haben, auch sehr belastenden und kränkenden Herausforderungen besser gewachsen sein können, so dass wir am Ende »mit dem Prinzen – oder der Prinzessin – tanzen können«, uns, so kann man sagen, auf den Tanz des Lebens mit Freude einlassen können.

Güte als Reaktion auf Ungerechtigkeit

Im Märchen »Einäuglein, Zweiäuglein, Dreiäuglein« ist das anders:

Einäuglein, Zweiäuglein, Dreiäuglein

Hier wird ein Kind gehasst, Zweiäuglein nämlich, weil es wie alle anderen aussieht. Das heißt, die beiden Schwestern, die mit ihrem einen bzw. ihren drei Äuglein ungewöhnlich aussehen, scheinen die Schwester, die aussieht wie alle anderen, darum zu beneiden.

Sein wie alle, was Zugehörigkeit ermöglichen kann, ist Kindern besonders wichtig. Dass jemand ist wie alle anderen, kann von denen, die anders sind, auch als ungerecht empfunden werden. Denken wir an Richard III. Einem Kind zu vermitteln, wir lieben dich, wie du bist, auch wenn du anders bist, ist für Eltern sicher nicht immer leicht. In diesem Märchen wird das nicht thematisiert, sondern der Neid der Schwestern steht im Mittelpunkt.

Die Schwestern entdecken, wie Zweiäuglein Unterstützung erhält, und verstehen es zu verhindern. Zweiäuglein erhält aus Neid und Hass nicht

einmal genug zu essen, und da kommt die gute Fee, die ihm hilft und ihr einen Spruch verrät, damit sie Essen erhält. Die Schwestern bemerken, dass Zweiäuglein nun immer satt ist, spionieren ihr nach und entdecken schließlich ihr Geheimnis: Eine Ziege versorgt sie. Als die Mutter davon erfährt, tötet sie die Ziege, die Zweiäuglein bisher geholfen hat, mit den Worten: »Willst du's besser haben als wir? Die Lust soll dir vergehen!« Dann holte sie ein Schlachtmesser und stieß es der Ziege ins Herz, dass sie tot zu Boden fiel. Dass sie, die Mutter, letztlich die Verursacherin der Not von Zweiäuglein war, gerät ganz in Vergessenheit.
Wie geht es nun weiter? Zweiäuglein findet doch noch ihr Glück: Sie befolgt den Rat einer weisen Frau und vergräbt die Eingeweide der Ziege, auf denen über Nacht ein Baum mit silbernen Blättern und goldenen Äpfeln wächst. Ein Ritter kommt des Wegs, bewundert Baum, Äpfel und die Schönheit seiner Besitzerin, die er schließlich heiratet. Das Happyend erzählt uns davon, dass Zweiäuglein, dem es gut geht, bereit ist, das Gute mit seinen Schwestern zu teilen, die in Armut geraten sind. Gerechtigkeit und Güte siegen.

Auch in diesem Märchen ist erkennbar, was eine kindliche Psyche auszeichnet, nämlich die Annahme, dass jemand nur ganz gut oder ganz schlecht ist. Zwischentöne gibt es nicht. In der Psychotherapie nennt man das »Spaltung«. Dieses Auseinanderhalten benötigt die kindliche Psyche, um sich zurechtzufinden, später kann sie lernen, dass Menschen beides, Gut und Böse, in sich haben und das akzeptieren. Erwachsene Gerechtigkeitsvorstellungen können diese Widersprüche einschätzen, so dass nicht sofort Neid und Missgunst entstehen müssen. In diesem Märchen kann Zweiäuglein am Ende ihren Schwestern ohne Rachegedanken, sondern mit Mitgefühl begegnen.

In der Jung'schen Psychologie werden Märchen u.a. so interpretiert, dass alle Figuren in Märchen Abbilder unserer inneren Verfasstheit sind. Anders ausgedrückt ist Zweiäuglein genauso ein Teil von mir wie die neidischen Schwestern und die böse Stiefmutter. In der psychotherapeutischen Arbeit kann diese Auseinandersetzung mit den verschiedenen Anteilen sehr fruchtbar sein. Es erweist sich häufig als hilfreich, dass man sich in der Psychotherapie mit einer gewissen Distanz mit diesen verschiedenen Figuren eines Märchens beschäftigen und dadurch erkennen kann, dass all die verschiedenen Facetten, die zu den Gestalten im Märchen gehören, auch im eigenen Innern vorhanden sind. Dies zu erkennen und anzuerkennen, ist nicht immer angenehm, weil wir ja gerne nur edel, hilfreich und gut sein möchten. Reife aber bedeutet wohl, dass wir uns als ganze Menschen akzeptieren, auch mit unseren Schattenanteilen.

Ungerechtigkeit als Ausdruck von Diskriminierung

Häufig führen in Märchen bestimmte Eigenschaften dazu, dass sich die Neider berechtigt fühlen, ungerecht zu sein. So wie bei »Einäuglein, Zweiäuglein, Dreiäuglein« die Zweiäugigkeit als Makel erklärt wird, ist es im Märchen »Die drei Federn« die sogenannte Dummheit, die Ungerechtigkeit zu rechtfertigen scheint.

Die drei Federn

Wie soll man dort, wo man jeden Winkel kennt, einen feinen Teppich finden? Denn das ist die Aufgabe. Aber siehe da, neben der Feder befindet sich eine Falltür, es gibt eine Treppe zum Hinabsteigen und noch eine Türe, wo der Dummling eine Kröte trifft. Von ihr erhält er einen wunderschönen Teppich. Seine beiden Brüder fanden es gar nicht der Mühe wert zu suchen, da sie annahmen, der Dummling würde ohnehin nichts Rechtes finden. Der Dummling folgt seiner Intuition und kann sich helfen lassen, so findet er, was er braucht, also ist er in Wahrheit gar nicht dumm! Kröten sind in Märchen häufig weise Tiere und verbinden mit dem Erdhaften in uns.

Nun sollte alles gut sein, wünscht man sich, aber weit gefehlt! Da die neidischen Brüder nicht einverstanden sind, kommt die nächste Aufgabe: Diesmal muss es ein Ring sein. Wieder erhält der Dummling das Geschenk von der Kröte, diesmal also den Ring. Und noch einmal verhält sich der Vater unfair und erteilt eine dritte Aufgabe: Diesmal soll es die schönste Frau sein. Man kann sich denken, dass das den Dummling mutlos macht. Doch wir ahnen schon, dass die Kröte mit ihren Zauberkräften auch diesmal hilft. Sogar ein viertes Mal setzen sich die neidischen Brüder durch, es ist schon zum Verzweifeln. Doch der Dummling, der genau genommen ja gar nicht dumm ist, sondern erdverbunden, gibt nicht auf und vertraut sich erneut der Kröte an.

Am Ende finde ich es interessant, dass alles erst zur Ruhe kommt, als auch noch die Frauen der Brüder sich einem Konkurrenzkampf gestellt haben. Ungerechtigkeit von Eltern kann eben auch darin bestehen, dass sie sich weigern anzuerkennen, was ein Kind wirklich kann, und manchmal sorgt auch im richtigen Leben dann nur die richtige Frau oder der richtige Mann für Ruhe im Familiensystem.

Neid und Gerechtigkeit im Märchen

Wie wir gesehen haben, spielen in vielen Märchen die Rivalität unter Geschwistern und der Neid eine große Rolle. Elterliche Ungerechtigkeit – und sei es, dass sie auf Unfähigkeiten der Eltern beruht, – scheint jeweils die Wurzel von Neidproblemen zu sein.

Schon als Kind war mir das Märchen »Frau Holle« suspekt. Es scheint den Leistungsaspekt und das Geliebtwerden aufgrund von Leistung hervorzuheben. Das empfand ich als ungerecht.

Alle Leserinnen und Leser kennen vermutlich das Märchen. Zur Erinnerung: Auch hier gibt es ein eigenes Kind und ein Stiefkind. Das eigene Kind ist hässlich und faul, das Stiefkind schön und fleißig. Wer sich als Stiefkind fühlt, strengt sich vielleicht mehr an. Aber es ist erst Frau Holle, die den Fleiß belohnt.

Die Faule wird mit Pech bestraft, das an ihr kleben bleibt. Das Märchen bringt zum Ausdruck, dass man sich anstrengen muss, sonst erhält man nur Pech, und insofern passt dieses Märchen gut zum neoliberalen Denken, das es offenbar auf die eine oder andere Weise auch schon immer gegeben hat. »Leistung muss sich lohnen«, »Wer nichts leistet, hat auch nichts verdient« – das klingt hier durch.

Frau Holle als Richterin?

Man kann das Märchen aber auch anders interpretieren: Der Märchenerzähler Heinrich Dickerhoff z.B. sieht Frau Holle als *das* Märchen zum Thema Gerechtigkeit. Ihm ist es wichtig, dass Frau Holle keine Richterin ist, sondern die Mädchen selbst die Wirkung des Tores, durch das Gold oder Pech kommt, herbeiführen würden.

Vielleicht möchten Sie selbst über das Für und Wider dieser Argumente nachdenken.

Loslassen können

Auch in unserer Kultur haben wir eine Geschichte, die erzählt, dass nichts haben zu wollen, glücklich macht: das bereits kurz erwähnte Märchen »Hans im Glück«. Ich will nicht ganz ausschließen, dass es eine Geschichte der Besitzenden sein könnte, die hoffen, dass die Armen nicht auf sie neidisch sind. Hier gibt es das Bild einer guten Mutter, zu der man heimkehren kann, innerlich. Das kann frei machen.

Für mich sagt diese Geschichte etwas darüber, dass wir uns möglicherweise von Diskussionen über Gerechtigkeit und Ungerechtigkeit befreien könnten, wenn wir uns vom Habenwollen befreien. Die Gefahr, dass die Gierigen das als Rechtfertigung für ihr Handeln nutzen, dürfte allerdings auf der Hand liegen. Und ich erinnere noch einmal an Erich Fromms Idee, dass es sich bei der Gerechtigkeit um etwas handelt, das wir spüren wie Hunger, der gestillt werden will.

Wie Kinder Märchen und Gerechtigkeit interpretieren

Die Sicht von Kindern auf Märchen interessierte Helga Zitzlsperger[30], die an der Pädagogischen Hochschule Weingarten lehrt und forscht. Sie hat Kinder und Jugendliche nach ihrer Meinung zu Märchen und Gerechtigkeit gefragt.

Zitzlsperger meint, dass Kinder und Jugendliche sehr differenziert auf Fragen nach Schuld und Sühne, Gerechtigkeit und Ungerechtigkeit eingehen und dass sie teilweise das Verhalten von Protagonisten im Märchen anders interpretieren als Erwachsene. Obwohl manches in Märchen oft verwirrend erscheinen kann, fand sie es beeindruckend, dass die Kinder und Jugendlichen einerseits nach heutigem Rechtsempfinden kritisch Stellung bezogen. Andererseits folgten jedoch gerade die Jüngeren auch dem Schwarz-Weiß-Denken der Märchen, vor allem dann, wenn sie auf der Gefühlsebene Orientierung suchten.[31]

Zitzelsberger konstatiert: »Märchen markieren Aufbruchs- und Veränderungssituationen, in denen sich Protagonisten normgemäß neuen Anforderungen stellen müssen: gelingend oder misslingend. Schüler gehen an dieses Thema allerdings mit einer eigenen Bewertung heran: Besonders die Strafen für unangepasstes Verhalten im Märchen fanden sie oft ungerecht verteilt. Dabei bezogen sie in ihr Argumentieren jene strafenden Instanzen mit ein, die für die moralische Entwicklung der Jugend Verantwortung tragen, also die Mütter, Väter oder Könige.«[32] Gerade die älteren Jugendlichen, die Zehnt- und Zwölftklässler, kritisierten etwa die Erziehungsmaßnahmen der Mutter in »Die Feen« und »Frau Holle«, die sie als absolut falsch ansahen. Auch den Königsvater in »Das Wasser des Lebens« hielten sie für mitschuldig daran, wie die beiden älteren Söhne sich verhielten. Wichtig war den Kindern und Jugendlichen, unabhängig von ihrem Alter, dass jeder noch einmal eine neue Chance erhält und dass Fehler mit Geduld aufgenommen und akzeptiert werden. Vor allem die Älteren werteten Fehlverhalten der Märchenfiguren eher als menschliches Versagen, dem sie – auch bei den verräterischen Brüdern in »Das Wasser des Lebens« – mit Grenzensetzen, Erziehung und Vertrauen auf Lernfähigkeit begegnen wollten statt mit Strafe. Die »bösen« Protagonisten wären ja von ihren Müttern und Vätern so erzogen worden, wie sie sich später verhielten. In Bezug auf die »guten« Märchenfiguren – die Feen, Frau Holle oder den Zwerg – stellten die Jugendlichen die kritische Frage, wie gerecht und gut diese denn tatsächlich wären. Denn die Art und Weise, wie das normregulierende Handeln ausgeführt wurde, war für sie häufig irritierend, da es ihrem Empfinden für Fairness und dem rechten Maß widersprach.[33]

Ältere Kinder und Jugendliche sehen die Dinge also viel differenzierter, und vor allem können sie sich erlauben, das, was Erwachsene vertreten, kritisch in Frage zu stellen. Es sind gerade Jugendliche, die Ungerechtigkeiten sehr klar erkennen können.

Nach meiner Erfahrung in Psychotherapien ist es oft so, wenn ich die erwachsenen PatientInnen einlade, ihre jugendlichen Anteile zu befragen, dass dann ganz andere Sichtweisen zutage treten. Oft erscheinen mir diese besonders weitblickend.

Gerechtigkeit und Liebe

Erich Fromm hat soziale Ungerechtigkeit bereits in Zeiten kritisiert, in der sie im Vergleich zu heute längst nicht so krass war. So meint er: »Solange Menschen ihre Hauptenergie darauf verwenden müssen, ihr Leben gegen Angriffe zu verteidigen oder nicht zu verhungern, muss die Liebe zum Leben verkümmern.«[34] Er fährt fort: »Letzten Endes verstehe ich unter Ungerechtigkeit eine gesellschaftliche Situation, in welcher der Mensch nicht Selbstzweck ist, sondern zum Mittel wird, damit andere ihr Ziel erreichen.«[35] Die »Biophilie« und das Bemühen um *Abschaffung der Ungerechtigkeit* sind für ihn eine wichtige soziale Vorbedingung für die Entwicklung der

Liebe zum Leben.[36] Seine Worte sind eindeutig, und wir können sie alle auf unsere aktuelle Situation anwenden: »Ich wende mich aber gegen eine gesellschaftliche Situation, in der die eine soziale Klasse die andere ausbeutet und ihr Bedingungen aufzwingt, welche die Entfaltung eines erfüllten, menschenwürdigen Lebens nicht zulassen.«[37]

Die Liebe zum Leben entwickelt sich nach Fromm am besten in einer Gesellschaft mit folgenden Voraussetzungen: Sicherheit in dem Sinne, dass die materiellen Grundlagen für ein menschenwürdiges Dasein nicht bedroht sind, *Gerechtigkeit in dem Sinne, dass niemand als Mittel zum Zweck für andere ausgenutzt wird,* und Freiheit in dem Sinne, dass jedermann die Möglichkeit hat, ein aktives und verantwortungsbewusstes Mitglied der Gesellschaft zu sein. Der letzte Punkt ist nach Fromm besonders wichtig. Selbst in einer Gesellschaft, in der Sicherheit und Gerechtigkeit herrschen, kann Liebe zum Leben sich nicht entwickeln, wenn in ihr nicht die kreative Selbstbetätigung des Einzelnen gefördert wird. Dann sagt er noch etwas, von dem ich finde, wir sollten es dringend beherzigen: Wenn die gesellschaftlichen Bedingungen zur Existenz von Automaten führen, wird das Ergebnis nicht Liebe zum Lebendigen, sondern Liebe zum Toten sein.[38] Sind wir inzwischen nicht in einer Situation, wo viele Menschen geradezu automatenhaft auf ihre Smartphones fixiert sind?

Geborgenheit stärkt das Gerechtigkeitsempfinden

Was macht uns liebesfähig und verhilft uns damit zum Gerechtigkeitsempfinden? Wir müssen dafür Geborgenheit erlebt habe und wenn möglich immer wieder erfahren. Dann fühlen wir uns angenommen und satt auch im übertragenen Sinne. Das Erleben von Ungerechtigkeit verknüpft sich ja meist mit Erfahrungen, nicht genügend bekommen zu haben.

Entwicklungspsychologisch gesehen, entwickelt sich Geborgenheitserleben in der Kindheit. Wird das Bedürfnis nach Geborgenheit erfüllt, gibt uns das eine sichere Basis, Urvertrauen; wird die Sehnsucht danach nicht gestillt, bleibt womöglich lebenslang ein Gefühl von Unerfülltsein, von Leere, von Ungeliebtsein und eben von einem scharfen Empfinden von Ungerechtigkeit.

Ein Kind erfährt – im günstigen Fall –: Ich werde geliebt, weil ich bin. Ich muss mir die Liebe nicht verdienen. Vielleicht kann

Elternliebe auch nicht erworben werden, sie ist eher ein Geschenk. Eine Liebe, die nicht an Bedingungen geknüpft ist, entspricht nicht nur der Sehnsucht des Kindes, sondern eines jeden Menschen. Wird man nur seiner Verdienste wegen geliebt, so bleiben immer irgendwelche Zweifel bestehen. Habe ich es dem andern recht gemacht? Verdiente Liebe hinterlässt das bittere Gefühl, dass man nicht um seiner selbst willen geliebt wird.

Die Gewissheit, dass ich geliebt werde, kann sich entwickeln, wenn sich das Kind geborgen fühlen kann. Am einfachsten kann man das nachvollziehen, wenn man sich Mutter und Baby beim Stillen vorstellt. Was wird da erlebt? Liebevolle, achtsame Blicke, Nähe und Hautkontakt, Wärme, vertraute Gerüche, Hunger und Durst werden gestillt, Getragen- und Gehaltensein.

Leider werden in unserer Kultur Babys nicht so lange getragen, wie sie es nach den Forschungen von Jean Liedloff[39] brauchen, nämlich bis sie zu kriechen beginnen und darüber hinaus so lange, wie sie es wünschen, etwa bis zum zweiten Lebensjahr. So gesehen, hat in unserer Kultur vermutlich fast jeder Mensch ein Defizit an Geborgenheitserfahrungen und leidet daher auch häufiger an Empfindungen von Ungerechtigkeit.

Müssen wir deshalb resignieren? Ich glaube nicht, weil ich davon ausgehe, dass wir mit Hilfe der Vorstellungskraft solche Erfahrungen ein ganzes Stück nachholen können.

Sich Gehaltensein vorstellen

Halten Sie bitte einen Moment inne. Spüren Sie den Kontakt mit dem Boden. Machen Sie sich klar, dass die Erde Sie trägt. Dafür brauchen Sie sich in keiner Weise anzustrengen, denn das geschieht von selbst. Nicht umsonst – auch noch aus anderen Gründen – wird von der Erde als Mutter gesprochen. Sie trägt uns immer, so wie eine liebende Mutter ihr Baby trägt und hält. Es ist also auch eine Frage der Bewusstheit in Bezug auf diese simple Tatsache, dass wir uns allein durch das achtsame Gewahrwerden unseres Gehalten- und Getragenseins durch die Erde ähnliche Erfahrungen ermöglichen können wie ein Baby.

Wir können noch mehr für uns tun:

Stellen Sie sich das Baby, das Sie waren, oder einfach ein Baby vor. Stellen Sie sich vor, dass Sie dieses Baby in Ihren

Armen halten und wiegen. Sie schauen es liebevoll an, Sie sagen ihm, wie froh Sie sind, dass es da ist. Vielleicht möchten Sie ihm ein Lied vorsummen und vorsingen. Können Sie spüren, dass das eine Wirkung auf Sie hat? Wenn ja, bitte ich Sie, dieses Bild immer wieder in sich lebendig werden zu lassen.

Geborgenheit und Liebe sind aber noch mehr: Menschen fühlen sich besonders wohl und geborgen, wenn sie wissen: Da ist ein geliebter Mensch, der lässt mich sein, d.h. der freut sich an meiner Andersartigkeit, der freut sich auch daran, dass ich mich von ihm fortbewegen will. Denn das tun Babys eben auch. Sie wollen nicht nur Mutters Nähe, sie wollen auch die Welt erkunden und dass sich jemand mit ihnen daran freut. Es ist ein ständiger Wechsel zwischen Nähebedürfnissen und einem Drängen hinaus in die Welt. Die Erfahrung des Über-sich-Hinauswachsens haben wir schon im Mutterleib gemacht und genau dort war ja diese Erfahrung eng verknüpft mit der intrauterinen Geborgenheit.

Die Welt entdecken mit der Neugier eines kleinen Kindes
Stellen Sie sich Ihr Baby wieder vor, es ist noch auf Ihrem Arm. Aber jetzt will es gerade die Welt entdecken. Es schaut neugierig in die Welt, greift nach etwas. Jetzt braucht es Ihre Mitfreude und Ermutigung. Gemeinsam schauen Sie auf etwas Drittes. Ein Spielzeug, z.B. Blätter, die sich im Wind bewegen, ein anderer Mensch. Sie spüren die Lust am Entdecken. Erinnern Sie sich an solche Erfahrungen in der Kindheit oder erfinden Sie Situationen, die Sie jetzt entdecken wollen. Machen Sie sich bewusst, dass diese Entdeckerfreude noch in Ihnen ist, Sie können Sie jederzeit wachrufen.

Empfehlung:
Achten Sie in den kommenden Tagen darauf, ob Ihnen in Ihrer Umgebung neue Dinge auffallen, Dinge, die Sie vielleicht noch nie achtsam wahrgenommen haben, und betrachten Sie sie mit der Neugier eines kleinen Kindes.

Pierre Stutz spricht davon, dass wir alle »Königskinder« sind. Königskinder fühlen sich – hoffentlich – gerecht behandelt. Ich habe immer wieder gefunden, dass es Menschen hilft, sich solche oder ähnliche Vorstellungen zu erlauben. Manche PatientInnen erzählen, dass sie sich als Kind vorgestellt haben, dass sie in Wahrheit liebevolle und mächtige Eltern, Königen gleich, hatten und nur in die falsche Familie geraten waren. Das heißt für mich, dass solche Vorstellungen der Königs- oder Gotteskindschaft vielen Menschen vertraut sind. Und die daraus resultierende Sicherheit kann zu Gelassenheit führen, so dass man nicht ständig um Gerechtigkeit *kämpfen* muss.

Liebe und Gerechtigkeitssinn sind Verwandte

»Es schien in diesem Augenblick, dass ich eine innere Stimme hören konnte, die sagte: Martin, steh auf für Recht! *Steh auf für Gerechtigkeit!* Steh auf für Wahrheit! Und siehe, ich will bei dir sein, bis zum Ende der Welt. Ich hörte die Stimme Jesu, die mir auftrug weiterzukämpfen« – so zitiert der Pfarrer Harald Wegner in einer Predigt Martin Luther King.[40] Wenn wir erst einmal sicher auf unseren geistigen Füßen stehen, sollten wir in der Lage sein zu erkennen, was in der Welt ungerecht ist. Zuvor aber gilt es noch etwas anderes fühlend zu erkennen, unser Verbundensein. Vielen von schwerem Leid Betroffenen wie Martin Luther King oder Rose Ausländer geht es um Verbundenheit und tiefe Verbundenheitserfahrungen. Ähnliches konnte ich häufig auch bei meinen PatientInnen beobachten.

Gerechtigkeitssinn hat sehr viel damit zu tun, dass wir uns verbunden fühlen, als Teil der Menschheit. Wenn es einem Teil schlecht geht, schadet es der Gesundheit des Ganzen. Daher ist dieser Aufruf, den Martin Luther King gespürt hat, aus meiner Sicht so wahr und so dringlich. Ich weiß nicht, wie er zu seinem Namen gekommen ist. Jedenfalls hatte er vermutlich in Martin Luther ein Vorbild. Denn Luther hat auch für Gerechtigkeit gekämpft, gegen die ausbeuterischen Tendenzen, die für die Kirchenoberen gang und gäbe waren. Und so hat Martin Luther King gegen die Ungerechtigkeit gegenüber den Schwarzen gekämpft und dafür sein Leben gelassen.

Es soll nicht verschwiegen werden, dass manche Menschen an solchen Kämpfen für Gerechtigkeit zerbrechen. Vielleicht nicht zuletzt, weil sie nicht das angemessene Maß finden. Wenn ich mir all die Ungerechtigkeit, die zurzeit in der Welt herrscht, ansehe, verzweifle ich manchmal. Aus Verzweiflung, wenn es kein Gegengewicht dazu gibt, können Hass und Rache entstehen. Wir können nicht mehr herausfinden aus dem Kampf. Eines der berühmtesten Beispiele dazu in der Literatur ist, wie wir gesehen haben, die Novelle von Michael Kohlhaas, die Heinrich von Kleist, der in vielen seiner Texte für Gerechtigkeit gekämpft hat, geschrieben hat. Kleist hat sich in sehr jungen Jahren das Leben genommen, so verzweifelt war er.

Erich Fromm erinnert uns in »Die Kunst des Liebens«[41] daran, dass für den »produktiven Charakter« das Geben der höchste Ausdruck seines Vermögens ist. Das Wort Vermögen ist der Betrachtung wert: Denn es bedeutet u.a. *Begabung, Eignung, Fähigkeit, Fertigkeit, Geist, Geistesgabe, Kompetenz, Können, Kraft, Kunst, Macht, Möglichkeiten, Neigüng, Veranlagung, Voraussetzung.* Mir macht das Mut, unter diesem Aspekt, das, was ich vermag, zu betrachten.

Im Akt des Schenkens können wir unsere Stärke, unseren inneren Reichtum erkennen und uns selbst als überströmend, hergebend, lebendig und voll Freude erfahren. Dann, wenn wir uns nicht aus Mangelerleben, sondern aus Liebe für Gerechtigkeit einsetzen können, ist das belebend.

Wir können einander geben, was in uns lebendig ist, etwas von unserer Freude, unserem Interesse am anderen. Fromm wird nicht müde, all die Möglichkeiten zu nennen, was wir geben können: Verständnis, Wissen, Humor, auch Traurigkeit – von allem, was in uns lebendig ist. Indem wir auf diese Weise etwas von unserem Leben abgeben, bereichern wir nicht nur den anderen, sondern auch uns selbst, denn indem wir geben, können wir nicht umhin, im anderen etwas zum Leben zu erwecken, und dieses zum Leben Erweckte strahlt auf uns zurück.

Liebe ist nicht nur ein Geben, ihr lebendiger Charakter zeigt sich darin, dass sie in all ihren Formen noch andere Grundelemente enthält. Hier spricht Fromm von *Fürsorge, Verantwortungsgefühl, Achtung vor dem anderen* und *Erkenntnis.* Wenn wir bereit sind, diese Haltungen wenigstens etwas aufzubringen, bemerken wir auch immer deutlicher Ungerechtigkeiten, die Lieblosigkeiten sind. Liebe ist ja die tätige Sorge für das Leben und das Wachstum dessen, was wir lieben. Fromm bringt hier das Beispiel der Geschichte von Jona:

Gott hat Jona beauftragt, sich nach Ninive zu begeben und die Bewohner zu warnen, dass sie bestraft würden, wenn sie ihren

Lebenswandel nicht ändern. Jona will sich dem Auftrag entziehen, weil er fürchtet, die Bewohner Ninives könnten bereuen und Gott würde ihnen dann vergeben. Er ist ein Mann mit einem starken Gefühl für Gesetz und Ordnung, aber ihm fehlt die Liebe. Dass er sich im Bauch des Walfisches wiederfindet, ist nach Fromm ein Symbol für seinen Zustand von Isoliertheit und Gefangenschaft, in den er durch seinen Mangel an Liebe und Solidarität geraten ist. Gott rettet ihn, und Jona geht nach Ninive. Er predigt den Bewohnern, was Gott ihm aufgetragen hat, die Bewohner bereuen ihre Sünden und bessern ihren Lebenswandel. Gott vergibt ihnen und beschließt, die Stadt nun doch nicht zu vernichten. Jona ist ärgerlich und enttäuscht darüber. Er will, dass Gerechtigkeit und nicht Gnade walten soll. Schließlich findet er Trost im Schatten eines Baumes, den Gott für ihn wachsen ließ. Aber nun lässt Gott den Baum verdorren, und Jona beschwert sich bei Gott. Darauf sagt Gott: »Dir ist es leid um den Rizinusstrauch, für den du nicht gearbeitet und den du nicht großgezogen hast. [...] Mir aber sollte es nicht leid sein um Ninive, die große Stadt, in der mehr als hundertzwanzigtausend Menschen leben [...] und außerdem noch so viel Vieh?« (Jona 4,10–11) Fromm meint, dies sei symbolisch gemeint. Gott erklärt Jona damit, dass das Wesen der Liebe darin besteht, für etwas »zu arbeiten« und »etwas aufzuziehen«, dass Liebe und Arbeit nicht voneinander zu trennen sind. Man liebt das, wofür man sich müht, und man müht sich für das, was man liebt.[42]

Gerechtigkeit mit und ohne Liebe

Hier möchte ich eine Unterscheidung vornehmen: zwischen Gerechtigkeit ohne Liebe, in der Tiefe wohl aus Angst, und Gerechtigkeit mit Liebe oder Mitgefühl, das uns später beschäftigen wird.

Heilsam kann nur Gerechtigkeit sein, die aus der Liebe kommt und aus tiefem Mitgefühl. Wäre Jona dazu fähig gewesen, hätte er sich freuen können, dass Gott Ninive vergibt. So aber wollte er, vermutlich aus Angst, dass Gott ihn nicht mehr genug lieben würde, Gerechtigkeit.

Natürlich ist das ein wenig vereinfachend von mir beschrieben. Ganz und gar angstfrei sind wir ja eher selten. Dennoch erscheint mir diese Unterscheidung zwischen Tugenden – denn Gerechtigkeit gilt als eine Tugend –, die aus der Liebe kommen, und solchen, die überwiegend von Angst gesteuert sind, brauchbar. Sind Tugenden angstgesteuert, lässt sich meist viel Intoleranz beobachten, ähnlich wie bei Jona. Bei Gerechtigkeitsforderungen aus Angst scheint mir die Sorge, nicht genug zu bekommen, bzw. ein Mangelerleben, das nicht auf Tatsachen beruht, eine Triebfeder zu sein.

Neben der Fürsorge spricht Fromm noch vom Verantwortungsgefühl. Das bedeutet nicht Pflicht, sondern es meint etwas völlig Freiwilliges; Fromm bezeichnet es als Antwort auf die ausgesprochenen oder unausgesprochenen Bedürfnisse eines anderen menschlichen Wesens. Sich für jemand verantwortlich zu fühlen, heißt, fähig und bereit zu sein, auf ihn antwortend zu reagieren. Jona fühlt sich für Ninive nicht verantwortlich und kann daher auch nicht antwortend reagieren. Er denkt nur an sich und seinen Mangel. Der liebende Mensch dagegen kann aus ganzem Herzen antworten. Er fühlt sich für seine Mitmenschen genauso verantwortlich wie für sich selbst. Und daraus entsteht dann auch ein Sinn für Gerechtigkeit.

Da die Gefahr besteht, dass das Verantwortungsgefühl dazu führen könnte, den anderen beherrschen zu wollen, benötigen wir Achtung vor dem anderen. Dies bezeichnet die Fähigkeit, den anderen so zu sehen, wie er ist, und seine einzigartige Individualität wahrzunehmen. Achtung bezieht sich darauf, dass man ein echtes Interesse daran hat, dass der andere wachsen und sich entfalten kann. Daher impliziert Achtung das Fehlen von Ausbeutung. Ich will, dass der andere um seiner selbst Willen und auf seine eigene Weise wächst und sich entfaltet und nicht mir zuliebe. Wenn ich den anderen wirklich liebe, fühle ich mich eins mit ihm, aber so, wie er wirklich ist, und nicht, wie ich ihn als Objekt zu meinem Gebrauch benötige. Es ist klar, dass Achtung vor einem anderen nur gelingt, wenn ich selbst zur Unabhängigkeit gelangt bin. Dieser unabhängige Blick auf den anderen hilft zu sehen, was er braucht und wo er oder sie ungerecht behandelt wird. Dafür kann ich mich dann einsetzen, ohne dem anderen etwas überzustülpen.

Und wo stehen wir heute?

Wege zu einer gerechten Gesellschaft

Ungerechtigkeit heute

Psychologie ohne Sozialpsychologie und kritisches Hinterfragen gesellschaftlicher Bedingungen, die sich wiederum individuell auswirken, ist für mich nicht vorstellbar. Es ist mir wichtig, genau hinzusehen, und dabei war mir der Historiker Tony Judt sehr hilfreich. In einem seiner letzten Bücher, »Dem Land geht es schlecht«[43], denkt er darüber nach, wie es kam, dass sich ab etwa der Mitte der 70er-Jahre immer mehr Ungerechtigkeit entwickeln konnte. Ich möchte seine Gedanken über diese Entwicklung hier skizzieren.

Tony Judt verknüpft eine Reihe von beobachtbaren Problemen mit dem Rückzug des Staates aus seinen Verpflichtungen: »Die Symptome kollektiver Verarmung sind überall zu sehen. Schadhafte Straßen, zahlungsunfähige Kommunen, einstürzende Brücken, vernachlässigte Schulen, Arbeitslose, Wohnungslose, Unversicherte – das alles ist Ausdruck gesellschaftlichen Versagens. [...] Diese Missstände sind so verbreitet, dass sie kaum noch thematisiert oder gar behoben werden. Um zu verstehen, in welchen Abgrund wir versunken sind, müssen wir das Ausmaß der Veränderungen in unseren Gesellschaften erfassen. Vom ausgehenden 19. Jahrhundert bis in die siebziger Jahre des 20. Jahrhunderts wurde die Ungleichheit in den westlichen Industriegesellschaften Schritt für Schritt abgebaut. Dank Steuerprogression, Sozialhilfe und staatlicher Absicherung verringerte sich in den modernen Demokratien die Kluft zwischen Reichtum und Armut. [...] Überall stieß extreme Ungleichheit auf wachsende Ablehnung, so dass staatliche Einrichtungen geschaffen wurden, deren Aufgabe die Unterstützung Bedürftiger war.«[44] Jüngere wissen vielleicht nicht einmal mehr, dass ein gewisses Maß an sozialer Gerechtigkeit hierzulande einigermaßen – nicht ideal – möglich war. All das wurde in den letzten vierzig Jahren über Bord geworfen.

Ungleichheit wirkt zersetzend, betont Judt.[45] Ähnlich wie in den Märchen, wo die Familie durch Ungerechtigkeit zersetzt wird, geht es auch der Gesellschaft: Menschen fühlen sich überlegen oder minderwertig, die Vorurteile gegenüber den Schwächeren verstärken sich, und die Pathologien sozialer Benachteiligung werden immer deutlicher.

Was möglich war – und wieder sein könnte?

In den Jahren nach dem Zweiten Weltkrieg ging es darum, *den gesellschaftlichen Verlierern Stolz und Würde zurückzugeben.* Heutzutage aber rühmen sich manche sogar der Härte, mit der sie anderen das Leben schwer machen. Und besuchen dafür ironischerweise

Trainings in Achtsamkeit, die sie dafür missbrauchen, mit Mitarbeitern knallhart umzugehen. Für mich stellt sich die Frage, warum der Gerechtigkeitssinn vieler so stark nachgelassen hat. Was ist da aus dem individuellen und kollektiven Unbewussten wieder hochgekommen?

Ich gehe davon aus, dass sehr viel Angst eine Rolle spielt, Angst, die mit der realen Situation der 70er-Jahre, als der Neoliberalismus an Boden gewann, nichts zu tun hatte. Es könnte um viel unverarbeitete Angst derjenigen gehen, die die Weltkriege, die Weltwirtschaftskrise erlebt und sich dem Naziterror unterworfen und angepasst haben. Es dürfte nicht unwichtig sein, dass sie ihre Ängste unbewusst an ihre Kinder und Enkel weitergegeben haben.

Tony Judts Buch ist ein Plädoyer für mehr Gerechtigkeit – aus guten Gründen. Ich möchte ihm aus vollem Herzen zustimmen, dazu wäre es auch wünschenswert, dass wir den Mut haben, unsere tiefsitzenden Ängste anzuschauen. In manchen Märchen siegen Güte und Freundlichkeit, aber nicht in allen. Ich schätze, dass es in der Mehrzahl der Märchen eher darum geht, die »Bösen« zu bestrafen, und dann ist alles gut. Leider ist das ein Irrtum, dem man als Kind aufsitzen kann, aber als Erwachsene müssen wir tiefer schauen.

»In der Welt habt ihr Angst«, heißt es in der Bibel. Soweit ich mich erinnere, gab es viele Gründe für Angst in der Zeit während und nach dem Zweiten Weltkrieg, doch es sah immer wieder so aus, als sei alles zu meistern. Nach Hiroshima und Nagasaki gab es z.B. keine weiteren Atombombenangriffe mehr. Auf Dauer ist Angst als alleinige Lehrmeisterin unbrauchbar, wenn sie aber dauerhaft nicht gesehen wird, ist auch das fatal.

Wir können uns fragen, was wir verloren haben, was uns vielleicht ermutigen könnte zu überlegen, was wir auf irgendeine Art wiederfinden möchten.[46]

Noch in den 70er-Jahren wäre man mit der Ansicht, dass der Sinn des Lebens im Reichwerden bestehe und der Staat einem gefälligst keine Hindernisse in den Weg stellen soll, verlacht worden, auch von Anhängern des Kapitalismus. Eine Umfrage unter englischen Schülerinnen und Schülern 1949 ergab, dass die Aufgeweckteren lieber einen interessanten, nur durchschnittlich bezahlten Beruf ergreifen und nicht einfach einen Haufen Geld verdienen wollten. Es gab einen ungemein breiten Konsens, so dass allen Ländern eine bemerkenswerte Verringerung der Einkommensunterschiede gemeinsam war. In den kontinentaleuropäischen Ländern, in Großbritannien und Amerika konnte die Kluft zwischen Reich und Arm in den dreißig Jahre nach 1945 deutlich reduziert werden. Das wurde dadurch erreicht, dass der Markt gezügelt wurde, dem Staat wurde eine wichtige Rolle im Alltag der Menschen zugewiesen, und Sozialleistungen waren der größte Posten im Staatshaushalt, außer in Amerika, wo immer mehr Geld für das Militär ausgegeben wurde.

Ohne Vertrauen kann eine Gesellschaft nicht funktionieren. Vertrauen kann aber nicht verordnet werden. Es bedarf der ständigen Hege und Pflege durch die Gemeinschaft. Leider galten die Ergebnisse von Sozialreformen schon wenige Jahre nach ihrer Einführung als völlig normal, und es wurde nicht mehr darüber nachgedacht, dass sie die Folge von solidarischem Handeln waren und gepflegt werden sollten. So interessierten die Vorstellungen der älteren ReformerInnen nicht mehr, sondern wurden als Einschränkungen von Freiheit und Ausdrucksmöglichkeiten des Einzelnen wahrgenommen.

Für die älteren Linken war es selbstverständlich gewesen, dass Gerechtigkeit, Chancengleichheit und wirtschaftliche Sicherheit nur durch gemeinsames Handeln erreicht werden konnten. Die neue Linke und ihre Anhänger lehnten jedoch den Kollektivismus der älteren Generation ab. Staatliche Eingriffe und Vorschriften waren, trotz aller Unzulänglichkeiten, der Preis für soziale Gerechtigkeit. Die Jüngeren interessierten sich nicht mehr für das Wohl der Allgemeinheit, sondern für die Bedürfnisse und Rechte des Einzelnen. Der Individualismus lieferte die Schlagworte der Zeit: Jeder sollte sich uneingeschränkt entfalten, seine Bedürfnisse frei äußern und von der Gesellschaft respektiert werden. Liebe statt Krieg machen – keine schlechten Ziele, meint Judt, aber dies sind eben private und keine gesellschaftlichen Dinge.

Auf einmal galt: Wenn etwas gut für mich ist, muss ich nicht fragen, ob es auch gut für andere ist.[47] Das ist auch die Haltung fast aller ungerecht handelnden Märchenfiguren. Und hier kommt m.E. das Mitgefühl ins Spiel: Wenn wir nicht mitfühlend sind, interessiert es uns nicht, wie es anderen geht, wir sind nur an unserem eigenen Wohlergehen interessiert.

Dagegen galt ja während der NS-Zeit, dass der Einzelne unwichtig ist; die Gemeinschaft, also das Volk, ist alles. Ich habe gerade wieder einige Texte aus jener Zeit gelesen und mir, 1943 geboren, wurde ganz schlecht. Die Verleugnung von Autonomie und Individualität jener Zeit führte zu unguten Gegenbewegungen, die der Philosoph Zygmunt Baumann für die heutige Situation in einem aktuellen Interview so beschreibt: »Gesellschaftliche Solidarität wurde zugunsten individueller Selbstverantwortung verdrängt. Es ist Sache des Einzelnen geworden, für sein persönliches Überleben in einer zersplitterten und unberechenbaren Welt zu sorgen, obwohl seine Ressourcen dafür völlig unzulänglich sind. Das allgemeine Gefühl der Prekarität, das mit dem Prozess ökonomischer Deregulierung einherging, löst zwischenmenschliche Bande auf und schürt das Misstrauen aller gegen alle. [...] Jeder ist für den anderen ein potentieller Gegner und Konkurrent. Das ist sehr beunruhigend.«[48]

Schlimm ist, dass Privatisierung dem Staat die Möglichkeit gibt, sich von moralischen Verpflichtungen zu befreien, meint Judt.[49] Es kam, wie man auch bei uns z.B. an Krankenhäusern und anderen sozialen Einrichtungen sehen kann, zu einer lange Zeit kaum bemerkten Ausdünnung des Wohlfahrtsstaats zugunsten einer Handvoll Unternehmer und Aktionäre, deren Auswirkungen inzwischen als grausam wahrgenommen werden. Durch Privatisierung wurde ein jahrhundertelanger Prozess der Bemühung um Solidarität rückgängig gemacht, in dessen Verlauf der Staat bestimmte Aufgaben übernahm, die der Einzelne nicht leisten konnte oder wollte.

Eine Orientierung am Gerechtigkeitsbegriff wäre wünschenswert. Das Wohlergehen aller sollte uns am Herzen liegen. Und Fairness und Gleichberechtigung. Dabei kann auch Mitgefühl helfen. Die Bereitschaft und Entschlossenheit, gegen Ungerechtigkeit vorzugehen, sind wichtig. Judt meint dezidiert, dass wir uns über die Verhältnisse empören sollten, die wir als ungerecht empfinden. Wenn uns eine politische Handlung falsch erscheint, müssen wir das sagen, fordert er uns auf. Dazu gehört allerdings auch, dass wir uns informieren müssen, vielfältig informieren, damit wir uns überhaupt ein Urteil bilden können.

Es bleibt uns in einer säkularen Gesellschaft kein anderer Weg als der, den schon Adam Smith empfohlen hat: Dass nämlich nur dann jene Harmonie der Empfindungen und Affekte in den Menschen entstehen kann, wenn wir unseren wohlwollenden Neigungen freien Lauf lassen und unsere Selbstsucht zügeln.[50] Judt spricht von einem

Geist der Achtsamkeit und meint: »Eigentlich sollten wir viel empörter sein. Wir sollen klugerweise auch fragen: Warum haben wir die Dämme, die andere vor uns unter so viel Mühe errichtet haben, so rasch eingerissen? Sind wir so sicher, dass es keine Flut geben wird?«[51]

Gerechtigkeitsstreben mag utopische Seiten haben, aber es ist wichtig. Es geht nicht gut aus, wenn auf Dauer Ungerechtigkeit herrscht. Die Lösungen der Märchen sind hier sicher zum Teil nicht erwachsen, aber sie zeigen, wie gefährlich Ungerechtigkeit für alle ist. Und wie wichtig es ist, dass wir Wege finden, uns für mehr soziale Gleichheit zu engagieren und uns mitfühlend bewusst zu machen, wie es Menschen geht, die in Armut und anderen Belastungen und im Mangel leben müssen. Und dass es darauf ankommt, uns dafür zu engagieren, dass Ungleichheit verringert wird.

Nun ist die Frage zu stellen: Muss es so weitergehen oder haben wir Alternativen? Dafür will ich wieder tiefer blicken: Wir »verdanken« das Dilemma aus meiner Sicht vor allem patriarchalen Strukturen. Seit über 5000 Jahren hat sich in unser aller Köpfe eingeprägt, dass es Underdogs geben darf. Und trotz aller Bemühungen der Frauenbewegung bleibt noch viel zu tun. Mir ist klar, dass auch die Versuche der letzten Jahrzehnte, für mehr Gerechtigkeit zwischen den Geschlechtern zu sorgen, nicht optimal vonstattengingen und dass dadurch auch Ungerechtigkeit gegenüber Männern entstanden ist. Wer aber behauptet, Frauen würden nun in allen Bereichen gerecht behandelt, der beschönigt oder lügt sogar möglicherweise. Frauen verdienen als ganze Gruppe immer noch weniger als Männer, und das ist nur ein Beispiel von vielen. Es sollte klar sein, dass es nicht einfach ist, weiterzumachen und nicht aufzugeben. Es braucht Mut auf allen Seiten. Zum Abschluss meiner Ausführungen über Gerechtigkeit habe ich noch ein nachdenkenswertes Kapitel unserer Geschichte ausgewählt, anhand dessen subtile Mechanismen von Ungerechtigkeit deutlich werden können.

Geschlechtergerechtigkeit

Gerechtigkeit ist ein Thema, das früher oder später auf Geschlechtergerechtigkeit verweist.

Es geht mir in meinen Überlegungen konkret um Menschen als lebendige Wesen in einem Körper, mit einer eigenen, durch die

Kultur geprägten Geschichte und weniger um Theorien. Schaue ich mir z.B. Filme aus den 50er- und 60er-Jahren an, kommen dort häufig Dinge vor, über die sich heute eine Frau, wie z.B. die junge Berliner Politikerin Jenna Behrends, die sich vom Parteivorsitzenden »angemacht« fühlte, zumindest beklagen kann, und darüber bin ich froh. Leider stoße ich damit noch lange nicht überall auf Verständnis! Obwohl die Verständnislosen sich nur kurz fragen müssten, ob sie z.B. im Kontext von Politik oder Arbeit als »große, süße Maus« – wie real geschehen – bezeichnet werden möchten oder als »großer, süßer Mäuserich« – was real nicht geschieht – angemacht werden möchten.[52]

Gewalt gegen und Benachteiligung von Frauen

In fast allen Gesellschaften ist das Thema Gewalt gegen und Benachteiligung von Frauen präsent. Dennoch wird es oft nicht zur Kenntnis genommen oder nicht benannt, sondern wird als zur Natur der Dinge gehörig akzeptiert. Am 9. September 2016 war in einem Artikel der Süddeutschen Zeitung über das Vererben an Kinder, um Erbschaftssteuern zu vermeiden, zu lesen, dass nur halb so viele Frauen – eigentlich Mädchen – wie Männer (Jungen) Unternehmensvermögen erhalten. Ein Steuerexperte wundert sich: »Es ist erstaunlich, dass Männer so stark privilegiert werden.« Ist es das?

Zumindest bei älteren Patientinnen hören wir in der Psychotherapie sehr häufig davon, dass sie gegenüber ihren Brüdern massiv benachteiligt wurden. Von dem Problem, »Nur ein Mädchen« gewesen zu sein, mögen junge Frauen heute vielleicht nicht mehr so sehr betroffen sein, wobei das eben genannte Beispiel zeigt, dass es hier immer noch ein Potential für Ungerechtigkeit gibt. Aber Frauen, die etwa vor Mitte der 60er-Jahre zur Welt kamen, beklagen häufig, dass ihnen eine angemessene berufliche Ausbildung verweigert wurde.

Die Ungerechtigkeit gegenüber Komponistinnen

Eine über die Jahrhunderte besonders ausgeprägte Ungerechtigkeit war die gegenüber Musikerinnen, vor allem Komponistinnen. Die Geschichte von komponierenden Frauen ist eines von vielen dunklen Kapiteln des Patriarchats. Zumindest einige dieser Frauen waren fähig, sich mehr oder weniger kraftvoll aus Unterdrückungszusammenhängen zu befreien. Das hat mit sozialer Unterstützung und mit seelischer Widerstandkraft zu tun, die sich im günstigen Fall so stark ergänzen, dass es den Anschein haben kann, als gäbe es so etwas wie Unterdrückung gar nicht.

Ich habe mich von klein auf für Musik interessiert. Jedoch wusste ich, als ich jung war, nicht einmal, dass es Komponistinnen gab und gegeben hatte. Ich erinnere mich, dass ich mich gelegentlich fragte, warum es keine komponierenden Frauen gab, der Frage aber lange Zeit nicht nachging. Erst zu Beginn der 90er-Jahre wurde ich durch die Bielefelder Pianistin Heidi Kommerell angeregt, mich dieser Frage wieder zuzuwenden. Ihr Anliegen war – und ist – es, die Kompositionen von Frauen bekannt zu machen. So erfuhr ich von der komponierenden Clara Schumann, die ich bis dahin nur als Pianistin kannte, von Fanny Hensel und von Alma Mahler. Im Lauf der letzten 30 Jahre habe ich meine Kenntnisse und Erfahrungen mit komponierenden Frauen immer mehr erweitern können.

Die beiden hier von mir beschriebenen Frauen haben darum gerungen, überhaupt ihrer Sehnsucht zu komponieren nachgehen zu können und damit auch anerkannt zu werden. Wenn wir uns mit ihren Geschichten befassen, können wir erfahren, dass es sich lohnt, sich gegen Unterdrückung aufzulehnen, und sei es mit List. Es wird aber auch deutlich, wie viel Gewogenheit der Umgebung es braucht, damit jemand in der Öffentlichkeit erfolgreich tätig sein kann. Daraus lässt sich ableiten, dass ein Gemeinwesen begabte Kinder fördern sollte, unabhängig von ihrem Geschlecht. Und auch, wie wichtig es ist, dass Eltern ihren Kindern möglichst ohne Vorurteilsbrille begegnen.

Frauen werden im Musikleben im deutschsprachigen Raum überall nicht sehr gefördert. Ein Beispiel: Kürzlich hörte ich ein Konzert der Wiener Philharmoniker. Ich sah zwei Frauen, offiziell sind es ein paar mehr: Momentan gehören zehn Frauen dem Verein der Wiener Philharmonikern an, das ist ein Frauenanteil von 7,1 Prozent. Das Wiener Staatsopernorchester, aus dem sich die Wiener Philharmoniker rekrutieren, hat 14 Frauen engagiert, das ist ein Frauenanteil von 10 Prozent. In deutschen philharmonischen Orchestern ist ein Frauenanteil von mehr als 30 Prozent üblich, jedoch noch lange nicht einer von 50 Prozent.

Die Unterdrückung der Frau als Musikerin in der Neuzeit geht auf Paulus und seinen Satz, dass die Frau in der Kirche zu schweigen habe, zurück. Man kann an Paulus sehen, dass ein Mensch, der überzeugende Worte über die Liebe sagen konnte, dennoch auch engstirnig war und seine Worte über die Liebe offensichtlich nicht darauf anwenden konnte, diese Liebe in vollem Umfang auch dem weiblichen Geschlecht angedeihen zu lassen. Er hatte ein Konzept, das ihn daran hinderte, die Rechte der Frauen zu erkennen und anzuerkennen. Seine Liebe ging eben doch nicht so weit, alles – in diesem Fall das Sprechen der Frauen in der Kirche – zu ertragen, so wie er es in 1. Korinther 13 empfahl.

Gehen wir also der Frage nach, wie Frauen ihren Wunsch zu komponieren verwirklicht haben, was und wer ihnen geholfen hat, aber auch, wie sie mit der Ungerechtigkeit, den Steinen fertig wurden, die ihnen immer wieder in den Weg gelegt wurden. Es handelt sich um Geschichten, die einen wegen vieler Niederlagen teils traurig stimmen, aber auch Bewunderung auslösen für die Entschlossenheit und das Durchhaltevermögen dieser Frauen.

Was ich für besonders traurig halte, ist, dass jede Frau, selbst wenn sie zu ihrer Zeit sehr anerkannt war, schnell in Vergessenheit geriet. Und dass es erst dem 20. Jahrhundert vorbehalten war, einige dieser Frauen wiederzuentdecken. Diesen Akt der Gerechtigkeit verdanken wir vor allem einigen engagierten Musikwissenschaftlerinnen, u.a. Eva Rieger, Danielle Roster und Monica Steegmann. Das Schmerzliche an diesem Vergessen ist auch, dass die Frauen sich jeweils sehr allein gefühlt haben. So war Clara Schumann der Meinung, sie sei die erste, die komponieren wolle, und warf sich das als ungehörig vor. Und noch Nadja Boulanger konnte Anfang des 20. Jahrhunderts von ihrer Schwester Lili behaupten, sie sei »der erste bedeutende weibliche Komponist in der Musikgeschichte«.[53]

Beginnen wir mit Hildegard von Bingen. Ich kannte sie lange als heilkundige Frau und Seherin, aber dass sie wunderbare Musik komponiert und mit ihren Schwestern aufgeführt hat, wusste ich nicht. Von ihrer »Symphonia armonie celestinum revelationem«, also Symphonie der Harmonie himmlischer Offenbarungen, kann man sagen, sie enthalte einige der schönsten Lieder, die im Mittelalter geschrieben wurden. Ihre musikalischen Ausdrucksmittel sind vielfältig. Hildegard war eine leidenschaftliche und begabte Künstlerin, die nicht nur komponierte, sondern auch ihre Texte selbst schrieb.

Sogar Frauengesang war in der Kirche verboten, denn die weibliche Stimme wurde als sexuell stimulierend betrachtet. Man berief sich, wie schon erwähnt, auf Paulus' Anweisung »Die Frau schweige in der Kirche« (1 Kor 14,34). Weil die Kirche den Keim der von ihr abgelehnten Sinnlichkeit in der von Frauen gemachten Musik sah, versuchte man, die Musikausübung von Frauen zu unterdrücken.

Auch wenn es Bestrebungen gab, Hildegard wegen Überschreitung ihrer weiblichen Grenzen zu verurteilen und die musikalische Ausgestaltung ihrer Gottesdienste zu unterbinden, behauptete sie klugerweise, dass »die Worte, die sie spreche, aus der Schau stammten, die sie von oben empfange«[54], also von Gott. Hildegard besaß großen Mut und dadurch, dass sie sich auf einen göttlichen Auftrag berief, konnte sie sich Freiräume verschaffen. Dass sie begabt, ja begnadet war wie mancher Mann, steht für mich außer Frage.

Ich mache jetzt einen großen Sprung zu Clara Wieck, vielleicht besser bekannt als Clara Schumann. Als sie zur Welt kam, 1819, gab es vor ihr zahlreiche und in ihrer Zeit auch anerkannte und sogar berühmte Komponistinnen, zum Beispiel Wilhelmine von Bayreuth, die Schwester von Friedrich dem Großen, die sicher eine ebenso begabte Komponistin war wie ihr Bruder. Die Wienerin Marianne Martinez, die von Mozart und Haydn geschätzt wurde, Louise Farrenc-Dumont, eine ältere Zeitgenossin von Clara, und auch Fanny Hensel-Mendelssohn.

Außer von Fanny Hensel, die von Vater und Bruder (!) an öffentlichem Auftreten gehindert wurde, wusste Clara von all diesen Vorgängerinnen nichts. Sie glaubte, die einzige zu sein, die komponieren wollte, und da sie kein gutes Selbstwertgefühl hatte, nahm sie sich das als anmaßend eher übel.

In der zweiten Hälfte des 18. Jahrhunderts wurde zwischen den Aufgabenbereichen der Frau und denen des Mannes immer strenger unterschieden. Man ging davon aus, dass Frauen von Natur aus anders seien als Männer, und konnte daher behaupten, ihre Kompositionen seien »anders«, oder noch schlimmer, dass es der »weiblichen Natur« entspreche, nicht komponieren zu können. Ratio und Abstraktionsvermögen wurden für das Komponieren als notwendig betrachtet. Diese galten aber als männliche Qualitäten, und so schien es ganz »natürlich«, dass Komponistinnen begrenztere Fähigkeiten hatten als Komponisten. Jean-Jacques Rousseau, der zweifellos einige innovative Ideen vertrat, schrieb 1758: »Frauen besitzen weder künstlerische Sensibilität [...] noch Genie.«[55]

Frauen wurde vor allem der persönliche Bereich zugeschrieben. Dies führte, so analysiert Seyla Benhabib, im Bereich der Gerechtigkeit »zu einer Ausklammerung aller Fragen im Zusammenhang mit dem Verhältnis zwischen biologischem und sozialen Geschlecht [...]. So wird ein ganzer Bereich menschlichen Handelns – die Ernährung, die Sorge um Nachkommenschaft, die Liebe und die Fürsorge, die im Lauf der Entwicklung einer modernen bürgerlichen Gesellschaft zur Sache der Frauen werden – aus allen moralischen und politischen Überlegungen ausgeklammert und dem Bereich der ›Natur‹ zugeordnet.«[56]

Und Clara war mit dieser Sicht auf das Frausein identifiziert, obwohl sie Komposition bei bedeutenden Lehrern studiert hatte, was übrigens ihr Vater bewirkt hatte. Einerseits sagte sie: »Es geht doch nichts über das Selbstproduzieren, und wäre es nur, dass man es täte um die Stunden des Selbstvergessens, wo man nur noch in Tönen atmet«[57], anderseits machte auch sie sich klein. 1839 schrieb sie: »Ich glaubte einmal das Talent des Schaffens zu besitzen, doch von dieser Idee bin ich gänzlich zurückgekommen, *ein Frauenzimmer muss nicht komponieren wollen – es konnte noch keine, sollte ich dazu bestimmt sein*? Das wäre eine Arroganz, zu der mich bloß der Vater einmal in früherer Zeit verleitete.«[58]

Frauen wurde, wie schon gesagt, allgemein in jener Zeit das Talent zum Komponieren abgesprochen. Und die perfide Logik war: Erst wird der Frau etwas abgesprochen, dann wird sie nicht gefördert, und später wird ihr zum Vorwurf gemacht, dass sie darüber nicht verfügt. Ich empfinde heute bei der Beschäftigung mit Clara Schumann besonders stark, wie verhängnisvoll selbstschädigend sich die »Identifikation mit dem Aggressor« auswirken kann und wie wichtig Geschlechtergerechtigkeit gewesen wäre und ist.

Auch durch ihren Mann Robert wurde Clara teilweise massiv behindert. So konnte sie weder üben noch komponieren, wenn er arbeitete. Dennoch inspirierten sich die beiden auch, z.B. veröffentlichten sie gemeinsam den Liederzyklus »Liebesfrühling« und ermutigten sich gegenseitig. Jeder der beiden schätzte und liebte die Musik des anderen.

Robert erkannte zwar, dass es für Clara schwer war, seinetwegen zurückzustecken, Jahr für Jahr ein Kind zu gebären und ihr Klavierspiel ganz »hinten an« zu stellen, wie sie es selbst ausdrückte. »Mein Klavierspiel kommt wieder ganz hinten an, was immer der Fall ist, wenn Robert komponiert. Nicht ein Stündchen am Tag findet sich hier für mich! Wenn ich nur nicht gar so zurückkomme.«[59] Robert meinte: »Kinder haben und einen immer fantasierenden Mann und komponieren geht nicht zusammen. Es fehlt ihr die anhaltende Übung, und dies rührt mich oft, da so mancher innige Gedanke verloren geht, den sie nicht auszuführen vermag.«[60] Ein schlechtes Gewissen schien er deshalb aber nicht gehabt zu haben, Geschlechtergerechtigkeit war kein Thema, denn diese Ungerechtigkeit wurde als »natürlich« definiert. Man hätte Clara die Kampfeskraft anderer Frauen jener Zeit, z.B. einer Margarete Steiff, der Erfinderin der heute noch berühmten Steifftiere, gewünscht. Margarete Steiff hatte allerdings besondere, für sie sicher zweifelhafte Voraussetzungen, die ihr dabei halfen, eine selbstständige Unternehmerin zu werden: Sie war durch Kinderlähmung stark behindert, und eine Ehe war ihr verwehrt.

Clara Schumann war als Frau sehr stark mit einem Weiblichkeitsideal identifiziert, das vor allem in Deutschland geschätzt wurde. Nach dem Tod Roberts hat sie nie mehr komponiert. Sie wählte den Weg der Interpretin und der Lehrerin. Hier hat sie Bedeutendes geleistet. Sie inspirierte Johannes Brahms, sie unterstützte den jungen Geiger Joseph Joachim und sie förderte ihre Schülerinnen und Schüler. Außerdem gab sie die Werke von Robert Schumann heraus. So hat sie sich auf ihre Art Freiräume verschafft, eben als Interpretin. Sie hatte als solche und als Lehrerin einen weitreichenden Einfluss. Man kann sagen, dass dies Clara Schumanns Lösung für die Dilemmata ihres Lebens war. Auch zeichnet sich für mich ab, dass Clara als Pianistin ein stabileres Selbstbewusstsein hatte als als Komponistin. »Die Ausübung der Kunst ist ja ein großer Teil meines Ichs, es ist mir die Luft, in der ich atme«[61], schreibt sie an Johannes Brahms.

An dieser Geschichte lässt sich herausarbeiten, dass es Wege gibt, sich der Ungerechtigkeit bis zu einem gewissen Grad zu entziehen, indem die betroffene Person sich auf ihre Stärken besinnt und diese nutzt. Gerechtfertigt ist die Ungerechtigkeit damit allerdings nicht.

Bis heute werden Kompositionen von Frauen seltener gespielt als die ihrer männlichen Kollegen. Umso bewundernswerter erscheint es mir, dass die Frauen nicht aufgeben. Die Benachteiligung dieser Frauen vom Mittelalter bis Ende des 19. Jahrhunderts – die sich fortschreiben lässt bis in unsere Tage, wenn auch in milderer Form – ist eines der schlimmsten Beispiele für die Unterdrückung der Kreativität von Frauen in unserer Kultur.

Schlussbemerkungen zum Thema Gerechtigkeit

Ich habe in diesem Kapitel einen weiten Bogen gespannt: von Michel Kohlhaas über Märchengestalten und Komponistinnen bis zu den gesamtgesellschaftlichen neoliberalen Ungerechtigkeiten unserer Tage, die Tony Judt genau beschreibt.

Wer Gerechtigkeit will, sollte genau hinschauen. Sollte den Mut haben, sich zu empören, dort, wo es nötig ist, und sich für Veränderungen engagieren. Vorbilder gibt es genug. Ich erinnere an Martin Luther King, aber auch an Frauen der Gegenwart wie Aung San Suu Kyi.

Wir sollten nicht vergessen, dass Gerechtigkeit ein Lebenselixier sein kann und eine Tugend, die es zu pflegen lohnt. Und dass Gerechtigkeitserfahrungen eine Voraussetzung sind, um Mitgefühl entwickeln zu können. Um Mitgefühl geht es im nachfolgenden Kapitel.

2. Mitgefühl

Mitgefühl in helfenden Berufen

Jetzt schlage ich den Bogen zu Mitgefühl, denn Streben nach Gerechtigkeit kann, wie ich bereits gesagt habe, nur hilfreich sein, wenn es von Liebe und Mitgefühl getragen ist, sonst kann es viel Unheil anrichten, wie wir ebenfalls gesehen haben.

Mitgefühl aus Sicht meiner eigenen Erfahrungen als Ärztin

Mitgefühl hat für mich als Ärztin und Psychotherapeutin eine große Bedeutung. Im Medizinbetrieb gibt es vieles zu beobachten, was weder mitfühlend noch ethisch vertretbar scheint, dabei gibt es klare Vorgaben für ethisches ärztliches Verhalten: Bei jeder Therapieentscheidung gehe es zuerst darum, die wohlverstandenen Interessen des einzelnen Patienten zu bedenken und Wege zu finden, *dem Patienten den Vorrang zu geben,* heißt es im Ethikhandbuch des Weltärztebundes.[62]

Dass Mitgefühl, wie es jetzt gelehrt wird, stark vom Buddhismus beeinflusst ist, macht Sinn, weil in buddhistischen Lehren Mitgefühl einen zentralen Platz einnimmt und – was vielleicht noch wichtiger ist – weil es eine Praxis des Sich-Übens in Mitgefühl gibt, die z.B. für Menschen in helfenden Berufen sehr hilfreich sein kann, so ist meine Erfahrung – ansonsten müsste ich vielleicht sagen: hilfreich sein *könnte.* In dem Buch »Medizin und Mitgefühl« schreiben ein westlicher Arzt und ein tibetischer Lehrer, der Heilkundige solle wissen, wie es sich anfühlt, krank zu sein. »Man muss begreifen, wie schmerzhaft, beunruhigend und verunsichernd es sein kann, nicht zu wissen, was mit einem selbst passieren wird«[63] oder, ergänze ich, gerade mit einem als Patient, Patientin passiert.

Vielleicht sollte bei all dem nicht ganz in Vergessenheit geraten, dass Mitgefühl auch ohne Buddhismus möglich ist, weil es im Grunde genommen natürlich ist. Und dass es in der Heilkunde, wenn sie Heilkunst ist, einen Platz hat, wenn auch eher nicht explizit oder mit anderen Worten beschrieben. Auch ist die Qualität von

Mitgefühl teilweise in unseren Worten Barmherzigkeit und Nächstenliebe enthalten.

Ich fühle mich mit einer Orientierung an einer nichttheistischen Ethik am wohlsten, einer Ethik, die aus Achtsamkeit resultiert. Wenn ich mich sehr genau beobachte, kann ich nämlich bemerken, dass ich mich gut in meinem Körper fühle, wenn ich freundlich und mitfühlend bin.[64] Das schließt aber andere Sichtweisen nicht aus.

Im christlichen Kontext ist häufig von Barmherzigkeit die Rede. Ich mag dieses Wort. Laut Tischner ist die althochdeutsche Grundbedeutung des Wortes *barmen* »ein Kind auf dem Schoß / an der Brust haben« und von *irbarmen* »auf den Schoß setzen / an die Brust legen samt dem dazugehörigen Gefühl«[65]. Die Verbindung zwischen elterlicher, bedingungsloser Liebe und Mitgefühl wird hier also deutlich.

Ähnliches führt Kierkegaard in seinem Text »Der Liebe Tun« aus, wenn er schreibt: »Vom Standpunkt der Ewigkeit gilt: Die Hauptsache ist nicht, dass der Not auf jegliche Weise abgeholfen werde, sondern dass Barmherzigkeit geübt wird.«[66] Und diesen Satz verstehe ich in einer Linie mit Paulus' berühmten Worten in 1. Korinther 13,2: »Und wenn ich prophetisch reden könnte und wüsste alle Geheimnisse und alle Erkenntnis und hätte allen Glauben, sodass ich Berge versetzen könnte, und hätte die Liebe nicht, so wäre ich nichts.«

Um eine christliche Perspektive anzudeuten, möchte ich mich hier auf den Pastoralpsychologen und Theologen Hermann Steinkamp[67] berufen, der sich mit dem Thema »compassion« als »diakonischer Basiskompetenz« beschäftigt hat. »Compassion« ist das englische Wort für Mitgefühl. Steinkamp zieht es vor, dieses Wort zu benutzen, nimmt aber wenig Bezug auf die jetzt vom Buddhismus herkommende intensive Beschäftigung mit »compassion«.

Sein Beitrag spricht mich an, weil ich selbst fast zwei Jahrzehnte bei einem diakonischen Träger beschäftigt war. Ich meine, dass zu beobachten war, wie »compassion« im alltäglichen Tun immer mehr erodierte, selbst wenn darüber mehr gesprochen wurde.

Steinkamp fragt, ob »compassion« nicht eine retrospektive Utopie, eine Sehnsucht nach der guten alten Zeit der Diakone und Diakonissen sei. Als ich das las, fiel mir Schwester Lukasia ein, eine franziskanische Nonne, die mich als 19-jährige Praktikantin mitfühlend begleitet hat und PatientInnen selbstverständlich auch. Und ich frage mich: Kann es falsch sein, dass ich mir wünsche, es gäbe solche Nonnen oder Krankenschwestern noch?

Steinkamp fährt dann fort, es ginge um mehr als gute Gesinnung, mehr als Spiritualität, nämlich um Kompetenz, um Basiskompetenz sogar, und diese ist für ihn unverzichtbar. Mitgefühl scheint damit einer anderen Verortung als ausschließlich im spirituellen Bereich zu bedürfen. Möglicherweise wäre auch eine nichttheistische Ethik ein Weg?[68]

Steinkamp verweist auf den ehemaligen Dominikaner Matthew Fox und sein Buch »A Spirituality Named Compassion and the Healing of the Global Village, Humpty Dumpty, and Us«, 1979 im Original veröffentlicht, 1994 in deutscher Übersetzung erschienen als »Mitfühlen, Mitdenken, Mitfreuen« mit dem Untertitel »Compassion – Die neue Verantwortlichkeit des Menschen an der Schwelle zum 3. Jahrtausend«. Es fällt mir auf, dass offensichtlich eine Hemmung bestand, in der deutscher Übersetzung das Wort Mitgefühl zu verwenden. Ähnliches habe ich in Bezug auf Bernard Lowns Buch »Die verlorene Kunst des Heilens«[69] beobachtet, bei dem es im Englischen einen Untertitel gibt: »Practicing Compassion in Medicine«. Und der deutsche Untertitel lautet seltsamer Weise »Anleitung zum Umdenken«. Im – deutschen? – Wissenschaftsbetrieb scheinen Gefühle immer noch Unbehagen auszulösen. Und schon gar nicht dürfen sie in irgendeiner Weise einen spirituellen Touch haben.

Steinkamp berichtet von einem »Compassion-Projekt« einer Initiative mit dem Ziel, einen »Gegenakzent zur einseitigen Wissensvermittlung« – das wäre in meinem Verständnis auch ein »Umdenken« – zu setzen: »Schüler(innen) besuchen Altenheime und Krankenhäuser, erkunden die Aktivitäten von Bahnhofsmission, Kleiderkammern und Suppenküchen. Die dort gemachten Erfahrungen werden anschließend im Unterricht reflektiert […]. Ziel ist die Sensibilisierung für alltägliche Not und Formen der Hilfe, erfahrungsbezogenes Einüben sozialer Verantwortung.«[70] Steinkamp verweist auf Horst Eberhard Richters Buch »Lernziel Solidarität«[71], das in den 70er-Jahren ein Bestseller war und uns jungen PsychiaterInnen damals viel bedeutet hat.

Im Weiteren berichtet Steinkamp von einem »Weltprogramm des Christentums«, das »unter dem Begriff Compassion seit einigen

Jahren u.a. von Johann B. Metz und bestimmten Vertretern der politischen Theologie« den Gedanke propagiere, »dass die Aufmerksamkeit für Leid und Not in allen großen Weltreligionen eine zentrale Rolle spielt und zu einer gemeinsamen Basis weltweiter Zusammenarbeit werden könnte.«[72] Nach Steinkamp spricht Metz von der Entwicklung von einer »leidempfindlichen zu einer sündenempfindlichen Praxis«[73]. Das kann bedeuten, dass sich ein Mensch möglicherweise auf sein individuelles Heil fixiert und ein sündenfreies Lebens zum Nachteil der Barmherzigkeit oder des Mitgefühls führen will.

Steinkamp als Theologe kritisiert: »Welche Funktion haben Kultgesetze, wenn sie verhindern, dass Menschen ihren humanen Impulsen entsprechend handeln, Misshandelten, Überfallenen beizustehen? Unversehens kommt Religionskritik ins Spiel. Immunisiert sich der Tempel mit Hilfe solcher Gesetze womöglich grundsätzlich gegen das Leid auf den Straßen? Wurde er nicht immer wieder, seiner Leidvergessenheit und Herzlosigkeit wegen, von Propheten wie Jeremia angeklagt, im Namen der Armen, der Witwen? Jedenfalls sind Tempel und Kult nicht per se Orte der Compassion. […] Welche Ängste, Trägheiten, Abwehrmechanismen usw. hindern uns immer wieder, zu handeln (wie wir sollten)?«[74] Vielleicht haben Menschen gerade durch Gesetze verlernt, ihren ureigenen mitfühlenden Impulsen zu folgen, wäre hier eine wichtige Frage.

Auf einen interessanten Aspekt der Erzählung vom barmherzigen Samariter weist Steinkamp hin: »Wir müssen uns […] immer neu daran erinnern, dass der Samariter einer aus dem fremden Volk war, aus dem religiös minderwertigen, verachteten Nachbarvolk.« Und das bedeutet für Steinkamp, dass »Christen Compassion (auch) von anderen lernen können«. So könnten wir uns »gegenseitig darin ermächtigen, einen Reichtum zu teilen, der sich dabei vermehrt. Miteinander erfahren, dass Compassion kein christliches ›Sondergut‹ ist, sondern ein ›Geschenk des Himmels‹ an alle Menschen, ›die guten Willens‹ sind […]!«[75] Ich ergänze: Da inzwischen Mitgefühl von vielen hauptsächlich als eine buddhistische Angelegenheit verstanden wird, kann es hilfreich sein, sich mit den westlichen und christlichen Wurzeln, auf die Steinkamp hinweist, zu befassen, so dass eine echte Befruchtung stattfinden kann.

Mitgefühl und Psychotherapie

Achtsames Mitgefühl sollte ein Element jeder Psychotherapie sein. Mitgefühl verstehe ich als Einfühlung *und* den Wunsch, Hilfreiches oder sogar Heilsames bewirken zu wollen und zu bewirken. Heilung, Besserung oder Linderung von Beschwerden sind Ziele für jede Art von Krankenbehandlung; es handelt sich dabei nicht nur um einen Wunsch der PatientInnen an ÄrztInnen, sondern sogar um einen Anspruch, der sich aus unseren Gesetzen (Sozialgesetzbuch) ergibt.

Unbarmherzige Strenge zeichnet manche therapeutischen Wege aus, insbesondere dann, wenn es den Behandelnden in erster Linie um Forschung geht. Gerade aus einem Mitgefühl der Ärztin für sich selbst kann Einsicht in Schwächen und Unzulänglichkeiten erwachsen, die wiederum den Patienten zugutekommt.

Ein Grund dafür, Mitgefühl in der Psychotherapie eher auszublenden, mag gewesen sein, dass Freud sich dazu bekannt hat, er sehe sich eher als Forscher denn als Arzt. Man weiß heute allerdings aus Berichten von Freuds PatientInnen, dass er ein sehr liebevoller Therapeut war. Es scheint, als habe er sich unter den damaligen Verhältnissen nicht getraut, darüber offen zu sprechen.

Menschen kommen in Behandlung, also auch in Psychotherapie, weil sie ihr Leiden beenden wollen. Zweifellos wird man sich nach Kenntnis der Vorschläge des Buddha zur Beendigung von Leiden fragen können, ob denn unsere westliche Psychotherapie überhaupt ausreichend hilfreich sein kann. Sie ist es sicher nicht in jedem Fall im buddhistischen Sinne. Andererseits gibt es auch immer wieder Erzählungen, dass »erwachte« östliche Lehrer Rat und Hilfe bei westlichen Ärzten und Psychotherapeutinnen suchen.

Die Erfahrung lehrt, dass sich viele PsychotherapiepatientInnen durch ihre Behandlungen als »geheilt« begreifen. Immerhin wusste auch Paracelsus, dass die Natur (Gott) heilt, und der Arzt nur kurieren kann. Unsere ärztlich-therapeutischen Ziele können also nur bescheiden sein.

PatientInnen wünschen sich von uns einen achtsamen Umgang mit ihnen. Untersucht man dies genauer, so meinen sie damit immer auch Mitgefühl und nicht nur Einsichtsvermittlung und Wertneutralität.

Nicht zuletzt durch die Bindungsforschung wissen wir, wie wichtig Empathie und Mitgefühl sind. Leidende Menschen fühlen sich durch Mitgefühl getröstet, zunächst durch das Mitgefühl, das andere ihnen entgegenbringen, aber sie können auch lernen, mit sich selbst mitfühlend zu sein und sich selbst in der Vorstellung liebevoll zu umarmen.

Meister Eckhart sagt: Das notwendigste Werk ist stets die Liebe. Liebe und Mitgefühl sind Geschwister.

Einen sehr bedeutenden, immer noch lesenswerten Beitrag unter dem Titel »Eros therapeutikos. Liebe und Ethik in der Therapie«[76] hat der Schweizer Psychiater Christian Scharfetter 1993 veröffentlicht. Ich stimme ihm zu, dass jede therapeutische Begegnung von Liebe getragen sein sollte. Gerade hat der Deutsche Ärztetag verlauten lassen, dass die ärztliche und psychotherapeutische Beziehung durch nichts ersetzt werden kann. Es ist immer noch der mitfühlende Arzt, die mitfühlende Therapeutin, die ihren PatientInnen helfen, Hoffnung zu entwickeln.

Auch Giovanni Maios Buch mit dem Titel »Den kranken Menschen verstehen«[77] und dem Untertitel »Für eine Medizin der Zuwendung« könnte ebenso gut heißen: »Für eine Medizin des Mitgefühls«, denn Maio setzt sich für eine Medizin ein, die auf den bedürftigen Menschen bezogen ist, der Zuwendung – und oft auch Trost – braucht. Und diese zuwendungsorientierte Medizin sollte immer an erster Stelle stehen und nicht von Technik jedweder Art auf hintere Plätze verwiesen werden oder womöglich gar nicht mehr stattfinden.

1970 begann ich meine Ausbildung zur Psychiaterin, und viele Kolleginnen und Kollegen, die sich damals in der Deutschen Gesellschaft für Sozialpsychiatrie und im Mannheimer Kreis zusammenschlossen, gaben mir persönlich und in meiner Arbeit mitfühlenden Halt. Damals wollten wir eine andere Psychiatrie, die durch die Psychiatrie-Enquete tatsächlich umgesetzt wurde. Wir haben keine Mitgefühlsübungen gemacht, aber wir lebten Mitgefühl so gut wir konnten und mit viel innerem Feuer und äußerem Engagement. Heute geht es in manchen psychiatrischen Krankenhäusern wieder ähnlich lieblos zu wie vor der Reform vor 40 Jahren. Müssen wir das hinnehmen? Und ist es ethisch vertretbar, dass wir es hinnehmen? Geht es da noch darum, dem »Patienten den Vorrang« zu geben?

Wir hatten zu jener Zeit Worte für unser Engagement wie z.B. Gerechtigkeit und Solidarität, Würde – Begriffe, die für uns natürlicherweise viel mit Mitgefühl zu tun hatten. Diese Erfahrungen halfen mir, mich auf Achtsamkeit und Mitgefühl bewusster auszurichten.

Nicht zu vergessen ist, dass jede Begegnung mit PatientInnen eine Schule in Mitgefühl war – und immer noch ist! Das sollte aber keinesfalls dazu auffordern, dass ich mich darauf beschränkte, etwas *für* PatientInnen zu lernen, sondern es ging darum, mich selbst besser verstehen zu lernen, um dann auch PatientInnen besser zu verstehen. Mit anderen Worten: Psychotherapeutisch tätig zu sein, ohne selbst in der PatientInnenrolle gewesen zu sein, sollte es nicht geben, es erscheint mir sogar ethisch fragwürdig.

Mir wurde bald bewusst, dass die vier ethischen Prinzipien ärztlichen Handelns –Wohltun, Nicht-Schaden, Respekt vor der Autonomie und der Gerechtigkeit[78] – auch für die Psychotherapie gelten und nur zu verwirklichen sind, wenn ich mich um Mitgefühl bemühe. Das heißt für mich konkret, sich nicht der Besserwisserei zu verschreiben, sondern gemeinsam mit den PatientInnen nach Entscheidungen zu suchen. Denn wenn sich Psychotherapie inzwischen weitestgehend als Naturwissenschaft definiert und nicht als ein Handeln, das mindestens ebenso viel mit den Notwendigkeiten einer mitmenschlichen Begegnung zu tun hat, ist die Gefahr groß, schnell zu meinen, als Ärztin/Psychotherapeutin wüsste ich, was das Richtige und Gute für die Patientin ist. Ich hatte zu lernen, wie wichtig für Menschen – vor allem für traumatisierte – ihre Würde ist und dass wir sie nicht erneut beschädigen dürfen, indem wir uns über ihre Bedürfnisse nach Autonomie hinwegsetzen. Ich habe gelernt, dass Therapie ein gemeinsamer Prozess des Suchens und Findens ist und dass es die PatientInnen sind, die am besten wissen, was für sie der richtige Weg ist. Es ging auch darum einzusehen, dass es nicht *den* Weg gibt, dass festgelegte Behandlungspfade und Manuale zwar nützlich sein können, dass sie mir aber niemals die Verantwortung abnehmen konnten, wenn ich mich auf Komplexität und vorher nicht berechenbare Situationen einzulassen hatte. Und auch hier ist Mitgefühl hilfreich.

Shaine Sinclair[79] ist meines Wissens als Erster mit seiner Arbeitsgruppe der Frage nachgegangen, was PatientInnen – mit schweren Krebserkrankungen – unter Mitgefühl verstehen und was sie von ihren ÄrztInnen erwarten. Sinclair hebt hervor, dass Mitgefühl eine tugendhafte Reaktion auf andere Menschen sei, bei der danach gestrebt würde, auf das Leid und die Bedürfnisse des anderen durch relationales Verstehen und Handeln zu reagieren. Es wird in der Studie gezeigt, dass PatientInnen durchaus in der Lage sind zu beurteilen, dass es große Unterschiede gibt. Und sehr wohl sagen können, was Mitgefühl für sie bedeutet.

Ein Patient hat es auf den Punkt gebracht: *Ärzte, die mitfühlender sind, kümmern sich um den ganzen Menschen und nicht nur um den Krebs.* Der ganze Mensch ist ja nicht nur krank, sondern jemand, der mehr von sich selbst versteht als alle, die ihn begleiten. Den ganzen Menschen sehen heißt auch, sich für sein intuitives Wissen zu interessieren. Ich habe es nicht selten erlebt, dass PatientInnen, obwohl wir sie gut informiert hatten, bestimmte Interventionen abgelehnt haben. Wenn wir genauer nachgefragt und uns für die Gründe ihrer Ablehnung interessiert haben, kam immer heraus, dass dieses Zurückweichen auch vor scheinbar Sinnvollem einen Grund hatte. Zu häufig wird außer Acht gelassen, »dass dem kranken Menschen oft eher durch das Verstehen und durch die Beziehung geholfen werden kann«[80].

Nach buddhistischen Lehren trägt jeder Mensch die Quellen von Weisheit und Heilung in sich. Paracelsus sprach, wie schon gesagt, davon, dass die Natur heilt, nicht der Arzt. Natur wird hier als etwas dem Patienten Innewohnendes verstanden. Diese Vorstellungen sind also nahe beieinander. Hilfreiche Wege können von der Ärztin aufgezeigt werden, aber konkrete Hilfe ist etwas, das erst im Dialog mit dem Patienten nach und nach herausgefunden werden kann.

Mitgefühlsübungen können die Ärztin im günstigsten Fall offener machen für dieses Dialogische, sie können ihr aber nicht den Dialog abnehmen.

Der Begriff des Mitgefühls gehört für mich, ähnlich wie für Sinclair, im Bezugsrahmen meiner psychotherapeutischen Arbeit in den Bereich der achtsamen Gestaltung von Beziehungen, um es zu ermöglichen, alte Erfahrungen und ihre Auswirkungen bis in die Gegenwart zu betrachten sowie neue Erfahrungen in einem anderen und hoffentlich heilsamen Umfeld zu machen. Es geht auch um die Frage: Wie mag es sich auswirken, wenn menschliches Miteinander geprägt ist von Verachtung, Vernachlässigung, Gewalt und sexualisierter Gewalt, und was mag das für die psychotherapeutische Arbeit bedeuten? Meine Antwort auf das Thema Trauma sind eine mitfühlende Grundhaltung und mitgefühlsbasierte Interventionen.

Wir nutzen die Vorstellungskraft, um gemeinsam einen Raum zwischen Therapeutin und Patientin zu erschaffen, in dem mitfühlende und tröstende Vorstellungen ihren Platz haben, die wiederum von der Patientin verwendet werden können, wenn sie alleine ist. Man nennt das auch »Übergangsobjekt«. Insbesondere die achtsame und mitfühlende Zuwendung der Patientin zu sich selbst oder zu Anteilen von sich selbst, aufgrund des modellhaften Verhaltens der achtsamen und mitfühlenden Zuwendung der Therapeutin, spielt in diesem Übergangsraum eine bedeutende Rolle. Erinnern, Mitgefühl und Trost sind wesentliche Komponenten der Arbeit, sowie Erkundungen der bereits vorhandenen Ressourcen der PatientInnen und wie sie künftig noch mehr zum eigenen Wohl genutzt werden können.[81]

Mitgefühl sei hier also betrachtet als relativ komplexe Haltung und Handlung, verbunden mit freundlicher und offener Einfühlung in Leiden und dem Wunsch, Heilsames zu bewirken. Es geht auch um die unverwechselbare Besonderheit jedes Patienten und deshalb auch um eine unverwechselbare Begegnung; aus dieser kann sich gemeinsames Handeln ergeben, das von Seiten der Therapeutin von Mitgefühl getragen sein sollte, so gut es geht. Von Seiten der Patientin kann es im günstigen Fall im Laufe der Zeit ebenfalls von Mitgefühl mit sich selbst getragen sein, dies kann aber nicht gefordert werden.

Insofern scheint es mir eine wichtige ethische Frage zu sein, wie Mitgefühl in der Psychotherapie vermittelt wird. Mitgefühl ist wie Liebe eine aktive Kraft im Menschen. Verstehen ist eine wichtige Komponente davon. Wir können uns die Frage stellen, wie wir zur Heilung und Ganzheit finden können, solange wir Teile unseres Lebens, die wir für inakzeptabel halten oder die wir ablehnen und verachten, niemals an uns heranlassen, schon gar nicht in unser Herz lassen. Die Antwort, die Sie sich denken werden, kann auch hier lauten: mit Mitgefühl.

Und zunächst mag es scheinen, als sei damit alles gesagt. Zu meinem Bedauern gibt es jetzt angeblich ein »Heilmittel«, ja »Allheilmittel«, das im Medizinbetrieb wie in der Betriebswissenschaft gerne verordnet wird, nämlich die Individualisierung der Probleme. »Nimm du dein Leben in die Hand, übe dich in Achtsamkeit und Mitgefühl und in einer grundsätzlich positiven Einstellung und du hast keine Probleme bzw. du kannst sie alle lösen.« Das mag gut klingen und ist auch nicht immer falsch, enthält aber erhebliches Missbrauchspotential. Es handelt sich aus Sicht der Mächtigen ganz klar um ein Unterdrückungsinstrument, aus Sicht der weniger Mächtigen und Abhängigen scheint die Antwort in die Flucht der Innerlichkeit einen gewissen Sinn zu machen.[82] Nur leider verfestigen sich dadurch die Verhältnisse. Darüber hinaus lässt sich ein Mechanismus der Identifikation mit dem Aggressor gut am Sprachgebrauch ablesen. Es werden vor allem von jungen ÄrztInnen und PsychotherapeutInnen Worte wie Effizienz, Effektivität und Evidenz wie selbstverständlich gebraucht, ohne sie zu hinterfragen, und dies, obwohl sie unter Effizienz-, Effektivitäts- und Evidenzdruck leiden! Ähnliches gilt wohl inzwischen für fast alle Berufe.

Es stellt sich von daher für mich schon seit geraumer Zeit die Frage, wieso so vieles hingenommen wird, nicht zuletzt von Menschen, die sich für spirituell halten. Möglicherweise spielt hier ein Mangel an Mitgefühl mit sich selbst eine nicht unerhebliche Rolle.

Wie Mitgefühl entstehen kann

Kindliche Entwicklung und Mitgefühl

Damit komme ich zum Nachdenken über Voraussetzungen oder Hindernisse für die Mitgefühlsentwicklung und beginne mit Erkenntnissen, die sich auf unser aller kindliche Entwicklung beziehen. Denn Kindheit hat ja bekanntlich Folgen.

Eine bedeutende Analyse hat der Psychoanalytiker Arno Gruen bereits vor 20 Jahren mit seinem Buch »Der Verlust des Mitgefühls. Über die Politik der Gleichgültigkeit«[83] geleistet. »Am Ende werden in unserer Zivilisation jene idealisiert, die kalt sind und die das Kind – und das Kind in sich selbst – nicht mehr wahrnehmen können. Die politischen Folgen sind katastrophal«, heißt es im Klappentext des Buches. Und Gruen beschreibt sehr anschaulich, wie die Entwicklung von Mitgefühl verhindert wird: »Wenn ein Mensch seinen eigenen Schmerz nicht erleben darf und kann, weil er dazu angehalten wurde, ihn als schwach abzutun, wird er ihn in anderen

Lebewesen suchen müssen. Ein solcher Mensch wird andere erniedrigen, quälen oder verstümmeln, um des eigenen verdrängten und verneinten Schmerzes habhaft zu werden. Zugleich wird er dieses Tun leugnen, um eine seelische Verstümmelung zu verbergen [...].«[84] Wir kommen nicht mitgefühllos auf die Welt! Aber das Mitgefühl wird uns teilweise relativ rasch wieder abgewöhnt.

Die Psychologin Jutta Kienbaum schreibt aufgrund ihrer Forschungen zu Mitgefühl bei Kindern, dass Mitgefühl und Trösten besonders gefördert werden durch ein erzieherisches Verhalten, das sich durch Wärme und Zuwendung auszeichnet. Dazu hat sie Kinder in Langzeitstudien beobachtet.[85]

Ich selbst habe es mir zur Aufgabe gemacht, historische Gegebenheiten, die wir nicht so gerne zur Kenntnis nehmen, mitfühlend kritisch zu betrachten. Und ich gehe in der Geschichte bis ins 19. Jahrhundert zurück, um zu zeigen, dass bestimmte Methoden der Erziehung über mehr als ein Jahrhundert traumatisierend für viele waren. Das Erschreckende daran ist, es war die Mehrheit. Man nehme nur einmal den immensen Erfolg des »Struwwelpeter« (übrigens auch in anderen Ländern, aber das soll uns hier nicht interessieren), der schon 1925 fünfhundert (!) Auflagen erreicht hatte. Diese außerordentlich grausamen Geschichten für Kinder werden nicht dadurch besser, wenn man weiß, dass sie von ihrem Autor, übrigens einem Psychiater, auch ironisch und sozialkritisch gemeint waren. Dieses Buch spiegelt einen Zeitgeist der Angst, der Unterdrückung und – aus traumatherapeutischer Sicht – der Vernachlässigung wider. Vernachlässigung ist *der* zentrale traumatogene Faktor der frühen Kindheit. Es besteht die Gefahr, dass qua Verinnerlichung der Erziehungspraktiken der Eltern diese wieder an die nächste Generation weitergegeben werden. Denn wie sollte ein vernachlässigtes Kind Mitgefühl lernen?

Für ein historisches Verständnis kann die Einsicht von Bedeutung sein, dass private Tugenden sich als die »Tugenden« des politischen Untertanen erweisen. Später kann sich daraus der »autoritäre Charakter« entwickeln.[86] Dafür kann Heinrich Manns Roman der »Untertan« einen literarisch-historischen Beweis liefern. Der Untertan verfügt über alle »Tugenden« des autoritären Charakters und zeigt nicht das geringste Mitgefühl. Er ist das Kind einer unsicheren, von ihrem Mann gequälten Mutter und eines tyrannisch-gewalttätigen Vaters und wird später wie dieser.

Über Generationen weitergegebene traumatisierende Erziehungspraktiken können zu einem nicht geringen Teil Gefühllosigkeit, Mangel an Mitgefühl und Kälte erklären. Und hier ginge es darum, zunächst jene Komponenten unseres Lebens und unserer Geschichte, die wir für inakzeptabel – oder sogar für verachtenswert – halten, anzuschauen, auszuhalten, sie nicht zuzudecken, sondern zu betrauern. Betrauern als ein erster Schritt in Richtung aufrichtiges Mitgefühl im Umgang mit unserer deutschen Geschichte, die fast jeden in diesem Land auf die eine oder andere Weise geprägt haben mag.

Wege zu Mitgefühl

Wie finden wir zum Mitgefühl, wenn wir nicht das Glück hatten, in einer warmherzigen Umgebung groß geworden zu sein? Achtsamkeitsmeditation kann ein Weg sein ebenso wie bewusste Übungen in Freundlichkeit und Mitgefühl. Seelische Tiefenstrukturen werden damit allerdings nicht immer erfasst, und es kann sich lohnen, Meditation mit tiefenpsychologischen und/oder humanistischen psychotherapeutischen Ansätzen zu ergänzen und umgekehrt. Im Fall von psychisch kranken Menschen scheint mir dies unerlässlich, ebenso die kritische Überprüfung aller Angebote im Hinblick auf ihre Tauglichkeit für Patienten. Dazu ist es erforderlich, mehr auf die Patienten zu hören.

In der Forschung werden nach Sinclair[87] meist Definitionen von Mitgefühl verwendet, die von Gelehrten formuliert worden sind, welche die Perspektive des Helfers eingenommen haben, ohne den Empfänger, also die PatientInnen, zu berücksichtigen. Diese Aussage lässt sich auch auf andere Bereiche übertragen. Es sollte daher für uns alle darum gehen, das, was wir für mitfühlend halten, mit den anderen abzugleichen. Praktisch auf den Punkt gebracht: Nicht alle Menschen schätzen es, wenn man sie umarmt, auch wenn sie in noch so großer Not sind. Mitgefühl ohne Feingefühl und die Bereitschaft, sich abzustimmen, mag eine schöne Idee sein, bewirkt aber in der Praxis wenig und riskiert sogar zu kränken.

Was die Psychotherapie angeht, so kann eine Arbeit hilfreich sein, in der auf haltgebende, warmherzige, freundliche und mitfühlende Weise jemand Raum erhält, seine dunklen Seiten und seinen Schmerz zu erkunden, ohne dafür bestraft oder abgelehnt, sondern begleitet zu werden, so dass das Leiden hinter den dunklen Seiten erkannt werden kann. Es geht darum, dass TherapeutInnen bereit sind, sich tief auf den Schmerz der PatientInnen einzulassen. Vielen Menschen, mit denen ich psychotherapeutisch gearbeitet habe, war es nicht möglich, sich alsbald dem Licht zuzuwenden; sie wollten in ihrem Schmerz und in ihrem Leid gesehen und anerkannt werden. Und sie wollten mit mir darüber sprechen und benötigten meine Bereitschaft zuzuhören, ohne dass ich sogleich ein Rezept hatte, das darüber hinausgegangen wäre. Das alles benötigt auch Zeit und es kann sein, dass dieses Recht auf Zeit eingefordert wird.

Mitgefühl mit sich selbst als Therapeutin und der Patientin kann eine tragende Kraft der Psychotherapie und anderer Behandlungen sein, ohne dass der Begriff Mitgefühl in der therapeutischen Begegnung verwendet wird, sondern vielmehr von der Therapeutin vorgelebt wird – lange bevor es um Übungen für die Patientin gehen kann. Auch aus diesem Grund empfiehlt es sich, dass TherapeutInnen intensive Eigenerfahrung mit unterschiedlichen (Übungs-)Ansätzen machen. Und dass sie sich immer wieder fragen, ob sie dem Schmerz ihrer PatientInnen mit dem, was sie anbieten, auszuweichen versuchen, weil sie sich selbst ausweichen möchten.

Schmerz und Leid benötigen Mitgefühl, aber auch noch anderes: Ganz sicher Geduld, Hingabe. Und auch Mut. Wichtig erscheint mir ebenso eine Orientierung am Würdeprinzip, welches nach Kant beinhaltet, dass man einen anderen Menschen niemals als Mittel zum Erreichen von Zwecken benutzen darf. Der Selbstzweck kann immer nur von der Person selbst bestimmt werden. Ähnliches hat Fromm, sicher mit Bezug auf Kant, gesagt.[88] Und es scheint mir ein sehr heißes Thema zu sein, dem wir uns auch dann stellen müssen, wenn es um so etwas Sinnvolles wie Achtsamkeit und Mitgefühl geht. Es geht nämlich nicht darum, dass *wir* etwas für sinnvoll halten, sondern dass wir die Patientin überzeugen können oder eben nicht. Wenn wir sie nicht überzeugen können, haben wir kein Recht, ihr etwas aufzudrängen, selbst wenn wir es für noch so gut und hilfreich halten. Vielleicht brauchen wir dann Mitgefühl mit uns selbst, um unser Scheitern zu ertragen. Die meisten PsychotherapeutInnen wissen, dass sie auch mit Wohlmeinendem oder gar Evidenz-Basiertem scheitern können. Ich gehöre zu den Leuten, die auf Bedrängtwerden, auch wenn es noch so gut gemeint sein mag, mit heftiger Abwehr reagieren und habe deshalb großen Respekt vor einem Nein anderer Menschen.

Wir sollten sehr achtsam sein, dass wir uns von bestimmten Dingen des industrialisierten Medizinbetriebs nicht anstecken lassen, oder zumindest die Ansteckung erkennen. Warum lassen wir es uns gefallen, dass das Nichtmessbare total entwertet wird und klammern uns an Studien, die doch über einzelne Menschen so gut wie nichts aussagen?

Es gibt m.E. einen wenig beachteten Widerspruch: Achtsamkeit und Mitgefühl sind ja getragen von einem Geist der Offenheit. In dem Moment aber, wo es um ihre Anwendung in der Heilkunde geht, besteht inzwischen leicht die Gefahr, dass auch hier eine Orientierung des Machens in die Arzt-Patient-Beziehung kommt.

Zumindest was die Medizin und die Psychotherapie angeht, möchte ich vorschlagen, geduldig zu versuchen, Mitgefühl unter allen Umständen auch für Abgründe aufzubringen. Mitgefühl ist etwas, das Halt geben kann und eine Haltung ist – nicht explizit ausgesprochen, aber präsent gelebt. Mich unterstützt außerdem der Gedanke, dass Mitgefühl im Buddhismus ja nicht alleine empfohlen wird, sondern nur entstehen kann, wenn Wohlwollen bzw. Freundlichkeit, Freude bzw. Mitfreude und Gleichmut im Hintergrund mitschwingen. Diese Vier werden unterschiedlich bezeichnet, als sogenannte »himmlische Verweilungen« oder »himmlische« bzw. »unermessliche Haltungen«. Ich verwende gerne den Begriff »himmlische Verweilungen«, weil er zeigt, dass es gut ist, darin zu verweilen. Und mich beruhigt, dass dem Mitgefühl ein Wunsch nach Veränderung in Richtung auf heilsames Tun innewohnt, selbst wenn wir daran scheitern.

Rupert Neudeck soll auf die Frage, warum er mache, was er mache, gesagt haben, er wolle nicht allein glücklich sein. Ja, es macht Freude, Glück teilen zu dürfen!

Mitfühlender Umgang mit anderen und sich selbst

Glücksorientierung

Ich spreche im Folgenden jetzt allgemeiner und nicht nur von Psychotherapie, denn inzwischen haben sehr viele Menschen den Wunsch, anderen zu helfen. Im Wesentlichen sollte es, in welchen

Zusammenhängen auch immer, darum gehen, Menschen, die schwere Belastungen erlitten haben, Mut zu machen, so dass sich die Unterstützung ebenso viel bezieht auf: »Was ist mir Schlimmes widerfahren!«, wie auf: »Wie bin ich mit dem Schlimmen bis jetzt fertig geworden und was kann mir helfen, damit in Zukunft noch besser fertig zu werden?« Es sollten aber auch Gespräche über hilfreiche Erfahrungen stattfinden und darüber, welchen Menschen und Situationen man dies verdankt. Ich nenne diese Art von Nachdenken die Erkundung unserer Sonnenhaftigkeit, nach dem Goethewort: »Wär nicht das Auge sonnenhaft, die Sonne könnt es nie erblicken.«

Viele Helfende fragen, wie man die Begegnung mit schwer leidenden Menschen tagaus, tagein verkraften kann. Das Konzept der vier sogenannten himmlischen Verweilungen erscheint mir in diesem Kontext besonders hilfreich. Es geht nicht darum, immer *nur* mitfühlend zu sein, sondern eben auch nach Momenten der Freude im Leben der anderen zu suchen und sich mitzufreuen, nach Momenten der Gelassenheit sowohl bei uns selbst wie bei den anderen und allem mitfühlend und wohlwollend zu begegnen. Es gibt uns Würde, wenn wir uns und anderen so begegnen.

Für eine an salutogenetischen Prinzipien orientierte Psychotherapie z.B. wäre das bewusste Wahrnehmen und Auskosten von Momenten des Glücks und der Freude unverzichtbar. Und nur mit dieser Glücksorientierung kann Mitgefühl seine Kraft in allen Bereichen des Lebens entfalten.

Auf die Frage, wie Helfende das Leiden der Menschen aushalten, die sie begleiten, könnte die Antwort sein: mit Hilfe von Mitgefühl, Gleichmut, Mitfreude und Wohlwollen sich selbst und den anderen gegenüber, gerade dann, wenn die Schwankungen zwischen Verstehen und Nichtverstehenkönnen oder das Auf und Ab der Begegnung manchmal entmutigend wirken können.

Was sind meine Erfahrungen mit Mitgefühl, Wohlwollen, Freude und Gleichmut?

Finden Sie Bilder, Erinnerungen, in denen alle vier himmlischen Verweilungen vorkommen, oder Klänge, Farben, die für Sie damit verbunden sind … Was ist für Sie der beste Einstieg in Mitgefühl, Wohlwollen, Freude und Gleichmut? Welche Erfahrungen haben Sie damit? Erlauben Sie sich, Ihrer Erfahrung zu vertrauen? Oder folgen Sie irgendwelchen Direktiven, selbst wenn Sie das stresst? Finden Sie Beispiele aufgrund Ihrer eigenen Erfahrungen. Können Sie erleben, dass Ihnen das auch ein Gefühl von Würde und Mitgefühl mit sich selbst gibt?

Mitgefühl und Trauer

Verluste tun weh. Fast jede und jeder weiß das. Um mit Verlusten innerlich fertig zu werden, verfügen wir über die Fähigkeit zu trauern. Dies kann schmerzhaft sein. Daher vermeiden viele diesen Schmerz, und in unserer Kultur gehört es zum guten Ton, möglichst rasch zur Tagesordnung überzugehen und sich möglichst wenig anmerken zu lassen, dass uns Verluste schmerzen.

Der Holländer Thomése hat ein erschütterndes Buch über den Tod seines Kindes geschrieben: »Schattenkind«[89]. Der Verlust seines Kindes traf Thomése tief. Und mich hat dieses Buch, das leider vergriffen ist, zutiefst erschüttert.

Je älter ich werde, desto mehr gelange ich zu der Überzeugung, dass für Menschen, die trauern, das Annehmen der Trauer – früher oder später – von großer Bedeutung ist. Was wir uns selbst gegenüber und von anderen brauchen, sind Mitgefühl oder Barmherzigkeit. Daraus erwächst Trost.

Ohne Erbarmen und Mitgefühl mit uns selbst können wir Trauer und Verzweiflung nicht integrieren. Erbarmen und Mitgefühl verstehe ich als Teil bedingungsloser Liebe. Und als wesentlicher Teil unseres Menschseins. So schreibt auch Arno Gruen in seinem Buch »Der Verlust des Mitgefühls«: »Die Frage nach dem Mitgefühl des Menschen ist die Frage nach seinem Menschsein, seiner Identität [...]«, und weiter: »Das Mitgefühl ist die in uns eingebaute Schranke zum Unmenschlichen. Mit seiner Unterdrückung und Verzerrung ist die Geschichte unserer Zivilisation nicht nur verflochten, sie ist ihr Fundament.«[90]

Barmherzigkeit mit mir selbst

Wenn Sie mögen, fragen Sie sich: Wie barmherzig sind Sie mit sich selbst – gewesen –, als Sie Verluste erlitten haben?

Ähnlich wie Ärzte sind auch Psychotherapeuten oft unbarmherzig mit sich selbst. Deshalb wohl gibt es in diesen Berufsgruppen, verglichen mit der Durchschnittsbevölkerung, mehr Suizide.

Mitgefühl oder Barmherzigkeit mit sich selbst zeigt sich oft daran, wie viel Zeit man sich zum Innehalten gönnt. Hier zwei Beispiele:

Eine Frau berichtete, dass sie einen sehr nahen Menschen verloren habe. Auf meine Nachfrage stellte sich heraus, dass das gerade ein paar Tage zurücklag. Sie hatte diesen Menschen jahrelang in schwerer Krankheit begleitet. Nun fühlte sie sich erschöpft, und sie weinte. Ich sagte nur wenig, ließ ihr erst einmal Raum – und Zeit! – für ihre Tränen. Sie sprach davon, dass ihr ihre Arbeit zu viel sei, aber sie habe gerade erst Urlaub gehabt, und sie müsse jetzt wieder arbeiten. Ich bat sie, mir ihren Tagesablauf zu schildern. Sie arbeitete zwölf Stunden am Tag. Ich sagte ihr so sanft wie nur möglich, dass sie Zeit brauche für ihre Trauer, und fragte dann, meiner Intuition folgend, ob es in ihr noch jüngere Ichs gäbe, die trauern würden. Ja, mit fünf Jahren habe sie ihren Vater verloren. Wieder weinte sie, und ich spürte in mir eine tiefe Verzweiflung, von der ich annahm, dass sie viel mit ihr zu tun hatte. Sie meinte jedoch, daran habe sie schon viel gearbeitet. »Das Kind braucht Trost, hat es den bekommen?« Ein Kopfschütteln. »Ich habe keine Zeit«, sagte sie. Und ich fragte sie, was sie davon halten würde, diesen Satz zu verändern in: »Ich habe alle Zeit der Welt für mich.« Da lächelte sie, und es war spürbar, dass das ein Schlüsselsatz werden könnte.

Bald danach beriet ich wieder eine sehr belastete Frau, die bisher keine Zeit hatte, sich um das Kind in sich zu kümmern, das Vater und Mutter verloren hatte. Früher war sie dissoziiert, wenn sie in die Nähe dieser Thematik kam. Da ich ihr vorschlug, aus einer Beobachterperspektive das Mädchen von damals wahrzunehmen, gelang es ihr, das Elend zu erkennen und anzuerkennen, zu weinen, mir zu berichten, dass dieses Mädchen weine, weine, weine, aber diesmal behielt die Erwachsene doch die Übersicht und wurde nicht überwältigt vom inneren Geschehen. Schließlich konnte sie dieses Mädchen in der Vorstellung in den Arm nehmen.

Es erschüttert mich, wie viele Menschen verinnerlicht haben, dass man mit allem alleine fertig werden sollte, und wie sie in einem Gefühle verleugnenden Sinn Tapferkeit leben. Diese inneren Dämonen, die uns hindern, genug zu trauern, verfolgen uns ein Leben lang, wenn wir ihnen nicht »ins Gesicht« schauen.

Stephen Levine[91], der lange Zeit mit Elisabeth Kübler-Ross zusammengearbeitet hat, zeigt wie viele andere spirituelle Lehrer einen liebevollen Weg. Es geht ihm darum, alle Gefühle zu »umarmen«. Es geht ihm um Herzensqualitäten und darum, mit sich selbst einen liebevollen, akzeptierenden Kontakt aufzubauen.

In unserer westlichen Tradition lese ich das Märchen »Aschenputtel« auch als eine Möglichkeit, sich mit Trauer, Verlust und mütterlicher Zuwendung zu uns selbst zu beschäftigen: Zunächst fühlen wir uns hässlich und unbedeutend, und es bleibt uns auch nichts anderes übrig, als uns mit unserer »aschigen« Seite zu akzeptieren. In diesem Märchen geht es um den Verlust der Mutter, eigentlich unserer Mütterlichkeit uns selbst gegenüber. Diese gilt es wiederzufinden. Es gilt zu lernen, wie wir mit uns selbst liebevoller, »herzlicher« umgehen können. Wir haben eine Reihe von Begriffen in diesem Zusammenhang, so sprechen wir von »Herzeleid« aber auch von »Herzensfreude«. Wir sagen auch, dass jemand »ein großes Herz« oder ein »offenes Herz« hat. All diese Herzensqualitäten haben mit Mitgefühl zu tun, so dass wir uns in Trauerprozessen nicht »mutterseelenallein« fühlen müssen.

Im Märchen »Aschenputtel« sind es die neuen Kleider vom Grab der Mutter, die das Mädchen wieder froh werden lassen und die ihm helfen, sich seiner Schönheit bewusst zu werden. Neue Kleider können wir als einen Verwandlungsprozess begreifen. Aschenputtel wagt, wieder zu tanzen, und es kommt dadurch zu einer Vereinigung des weiblichen und männlichen Prinzips: Aschenputtel heiratet den schönen Prinzen.

Sich keine Zeit fürs Trauern zu nehmen, ist unbarmherzig, ohne Mitgefühl mit sich selbst, genauso, wie sich keine Zeit für den Umgang mit anderen Gefühlen zu gönnen. Ich erlebe leider allzu häufig, dass sich Helfende in ihrer Arbeit verausgaben, ohne auf Selbstfürsorge zu achten. Diese würde alles umschließen: Akzeptanz von Schmerzlichem, aber mindestens ebenso viel Sorge zu tragen für die Freudefähigkeit. Ich habe erfahren, dass es möglich ist, schwere Arbeit leichter zu machen, wenn man den Aspekt der Selbstfürsorge in die Arbeit integriert. Und das ist ein Aspekt der Barmherzigkeit und des Mitgefühls mit sich selbst! Wenn wir imaginieren, malen, Musik hören – oder sogar selbst musizieren –, kleine Körperübungen machen, die dem Wohlbefinden dienen, dann kann es uns besser gehen, und vielleicht können wir dann auch eher ertragen, dass unser Herz manchmal voller Leid und schwer ist. Es geht immer auch um Zuversicht.

Aus meiner Sicht ist es nicht möglich und auch nicht sinnvoll, davor auszuweichen, dass Helfende von dem, was Hilfsbedürftige mitbringen, stark berührt werden. Es hilft ja auch mitzufühlen. Heilsame Veränderung ohne Mitgefühl ist schwer vorstellbar.

Dennoch ist es nicht erstrebenswert, dass Mitgefühl in Mitleid bzw. Mitleiden umschlägt. Da uns die deutsche Sprache diese beiden Begriffe zur Verfügung stellt, haben wir ein hilfreiches Werkzeug der Unterscheidung zu Hand: Mitgefühl ja, Mitleid möglichst nicht bzw. nur vorübergehend. Beim Mitgefühl kann die eine der anderen beistehen, beim Mitleid versiegt diese Quelle und es sind zwei, die leiden.

In schamanisch geprägten Kulturen kann nur Heilerin werden, wer zuvor verwundet wurde. Ina Rösing berichtet in ihrem lesenswerten Buch »Der verwundete Heiler«[92] davon, wie in den Anden die Heilerinnen alle schwerst traumatisiert sind, was ihnen hilft, Leiden anderer zu verstehen und mitfühlend zu reagieren. Im tibetischen Kulturraum machen HeilerInnen oft eine Psychose durch und lernen dann, diese zu beherrschen und sogar kontrolliert einzusetzen. In diesen Kulturen gibt es also eine tiefe Überzeugung, dass nur heilen kann, wer Leiden auch wirklich kennt, aber als nächster Schritt wird dann ein kontrollierter Umgang mit dem Leiden und den daraus resultierenden Symptomen erlernt.

Vom Umgang anderer Kulturen mit Verletzung können wir einiges lernen. Zum einen, dass Verletzung und Schmerz dazugehören, man kann und sollte ihnen nicht ausweichen, ja, mehr noch: Will ich Heilerin werden, sind seelische Verletzungen eher eine wichtige Voraussetzung, um gut begleiten zu können. Andererseits wird man durch das Leiden auch nicht geadelt, wie es manche anzustreben scheinen und meinen, sie müssten sich tief vom Leiden der anderen berühren lassen, um dann mitzuleiden. Das ist ein Missverständnis.

Für mich als Heilende geht es vor allem darum, aus einer mitfühlenden Haltung heraus die Heilerin in der Patientin, also ihre Selbstheilungskräfte, zu erkennen, zu benennen und zu unterstützen. Ich selbst habe ja zuvor erfahren, dass in mir bei aller Verwundung selbstheilende Kräfte vorhanden sind. Daher meine ich, dass es nicht um das Verhindern der Wahrnehmung von Schmerz geht, sondern aufgrund genauer Selbsterkenntnis und eigener Erfahrung darum, Selbstheilung bei allen aufzuspüren und deren Entfaltung zu fördern.

Erholung und Freude

Zum mitfühlenden Umgang mit sich selbst als helfendem Menschen gehört, Raum für Erholung und Freude zu schaffen: Einzelne und Teams sollten sich – gemeinsame – Zeiten der Erholung gönnen. Der beste Schutz vor Überforderung und überwältigendem Schmerz sind liebevolle andere Menschen, die bereit sind, Schmerz *und* Freude mit uns zu teilen, uns in dem Arm zu nehmen und uns die sein zu lassen, die wir im Moment eben gerade sind. Eine gute Gruppenkultur besteht nicht nur darin, dass man sich ständig schlimme Geschichten erzählt, sondern dass man bereit ist, Gefühle miteinander zu teilen, mitfühlend zu sein und bewusst Ja zu sagen zum Sich-freuen-Können und zum Lachen.

Es hat mich immer wieder beeindruckt, dass in manchen Zentren zur Betreuung von schwer traumatisierten Flüchtlingen eine große Fähigkeit zum gemeinsamen Feiern besteht und wie viel Kraft durch dieses liebevolle Beieinandersein entstehen kann.

Menschen sind verschieden, und nicht alle können gleichermaßen »gut« mit Belastungen umgehen. Daher sollte jede, die mit Belastungen konfrontiert ist, die eigenen Grenzen kennen und zu ihnen stehen, und Verschiedenheit sollte berücksichtigt werden. Es wäre wünschenswert, dass Wege gefunden werden, dass jede ihre Stärken einbringen kann und nicht an ihren Schwachstellen übermäßig gefordert wird.

Burn-out in psychosozialen Berufen wäre vermutlich seltener, würden wir in einer Gesellschaft leben, die den Einsatz von Menschen, die seelisch Verletzte begleiten, achten und würdigen würde. Das Gegenteil scheint mir der Fall zu sein. Die Ächtung der Opfer, das Nicht-Hinsehen-Wollen großer Teile der Gesellschaft wird auch auf die Helfenden ausgedehnt. Unsichere Finanzierungen der betreffenden Einrichtungen sprechen da eine deutliche Sprache. Wichtig wäre hier außerdem: Die Helfenden selbst sollten das, was sie tun, achten und würdigen.

Sollten Helfende sogar Glück anstreben – im Interesse derer, die sie begleiten? Ich meine ja. Wie begründe ich das? In einem an Krankheit und Defiziten orientierten Modell wurde der Hilfsbedürftige immer mehr zum Empfänger von Wohltaten anderer, und seine Fähigkeiten zur Selbstregulation wurden dadurch sowohl von ihm selbst wie von seinen BegleiterInnen immer weniger in den Blick genommen. Aus meiner Sicht verstößt das gegen die Würde. Wenn wir aber an einer würdeorientierten Begleitung interessiert sind, kommen wir nicht darum herum, mit den zu Begleitenden »auf Augenhöhe« zusammenzuarbeiten. Dem wird gerne entgegengehalten, dass es so oder so ein Machtgefälle gäbe. Die Philosophin und Diskursethikerin Seyla Benhabib hat mich gelehrt, dass eine Gleichberechtigung von Interaktionspartnern selbst bei gewisser Ungleichheit, z.B. bei Eltern und Kind, ebenso bei Therapeutin und Patientin, immer – auch entgegen augenscheinlichen Unterschieden – vorausgesetzt werden sollte. Das heißt, selbst wenn es Unterschiede gibt, sind wir aufgefordert, alles dafür zu tun, dass die Rechte derer, die wir begleiten, berücksichtigt werden und dass *alles* gehört wird.[93] Und dazu gehört nach meiner Meinung, dass Ressourcen genauso erkundet werden wie Krankheiten und Defizite.

Egal wie man Ressourcenorientierung begründet, es kann einem dadurch besser gehen, man kann manchmal wie von selbst etwas glücklicher werden. Dies erscheint vielen jedoch suspekt. Ihnen möchte ich sagen, dass es gar nicht um ein Entweder-oder gehen kann, sondern um ein Sowohl-als-auch, denn wenn wir Leiden verleugneten, würde es sich vielleicht sogar vergrößern. Wer würde das wollen? Es annehmen, heißt aber noch lange nicht, sich nur darin zu vertiefen.

Ein englisches Sprichwort sagt: Ob der Pudding schmeckt, entscheidet sich beim Essen. Das heißt, wenn einem leidenden Menschen das, was wir anbieten, nicht schmeckt, müssten wir ihm etwas anderes anbieten, oder der leidende Mensch müsste den »Koch« wechseln, manchmal sogar die »Küche«. Helfen könnte leicht sein, dann nämlich, wenn man sich von Anfang an auf das konzentriert, was der leidende Mensch bereits mitbringt an Stärken und Ressourcen – also was ihm vermutlich schmeckt. Dies macht den leidenden Menschen glücklicher und die begleitende Person vermutlich auch. Das funktioniert allerdings nur dann, wenn es ihr nichts ausmacht, dass es der anderen hilft zu joggen, zu beten und vieles andere mehr, was z.B. manche TherapeutInnen eher für Widerstand als für eine Ressource halten. Wenn wir also ein Konzept im Kopf haben, was gute Begleitung ist, dann können uns die Ressourcen derer, die wir begleiten, eher unglücklich machen.

Überlassen TherapeutInnen z.B. die Führung mehr ihren PatientInnen, weil sie sich nämlich nach dem richten, was diesen bereits hilft, dann gewinnen sie doppelt: Sie selbst haben es leichter, und die PatientInnen sind zu einem höheren Prozentsatz mit dem therapeutischen »Pudding« zufrieden. Selbstverständlich nicht alle, weil manche meinen, dass nur bittere Medizin helfe. Ich bin mir aber sicher, dass es den meisten TherapeutInnen nicht allzu schwer fallen dürfte, da wieder umzuschalten, dann nämlich, wenn sie sich vom Prinzip des Mitgefühls und der Mitfreude leiten lassen.

Mitgefühl mit uns selbst

Wenn wir Mitgefühl mit uns selbst praktizieren, können verständnisvolle Einsichten zwar die Tür unseres Herzens öffnen, aber auch eine Explosion von schwierigen Gefühlen verursachen. Wir können uns dann bemühen, diese Gefühle erst einmal nur wahrzunehmen und zu spüren, wie sie wieder gehen. Dieser Prozess kann einen Heilungsprozess anstoßen, wie z.B. bei jemanden, der bis dahin immer nur versucht hat, jegliches schmerzliche Gefühl zu ignorieren und sich abzulenken. Es ist aber zu bedenken, dass das nicht immer allen Menschen jederzeit gelingt und dass es manchmal viel Zeit braucht, bis jemand dazu bereit ist. Verdrängung oder Wegsehen sind legitime Schutzmechanismen! Nur die betroffene Person selbst kann wissen, wann der richtige Zeitpunkt da ist, sich auf Schmerz einzulassen.

Ich unterscheide Reaktionen, die auf »verletzte Teile« zurückgehen, von solchen, die mit »verletzenden Teilen« zu tun haben. Einerseits gibt es also Äußerungen, die direkt mit der Angst vor Verletzung zusammenhängen, z.B.: »Das macht mich verwundbar, andere machen dann mit mir was sie wollen.« Und andererseits wird gesagt: »Ich verdiene das nicht. Ich werde faul und kriege nichts mehr auf die Reihe«, was mit ablehnenden und verletzenden Erfahrungen zusammenhängt, die verinnerlicht wurden, d.h. wir haben früher in der Kindheit etwa Sätze hören müssen wie: »Du bist schrecklich und verdienst nichts Gutes.« Oder: »Häng nicht so faul rum, sondern streng dich an.« Kinder müssen ihren Eltern glauben, wenn diese sie fortwährend kritisieren, und so klagt sich das Kind selbst an: »Ich bin schuld« und »Ich habe es verdient, dass es mir schlecht geht« sind z.B. Gedanken, die häufig geäußert werden.

Mitfühlender Umgang mit Selbstkritik

Wie können wir mit Selbstablehnung und Selbstkritik mitfühlend umgehen? Möglicherweise ist in einem bestimmten Moment noch gar nicht die richtige Zeit, damit überhaupt umzugehen. Es geht bei der Klärung innerer Belastungen auch immer um den richtigen Zeitpunkt. Gut Ding will Weile haben! Wenn aber der Wunsch besteht fortzufahren, kann man fragen: Welcher Teil in mir will diese Auseinandersetzung / diesen Gedanken etc. nicht? Kann ich diesen Teil anerkennen? Kann ich bemerken, dass er mir helfen will? Kann ich verstehen, dass dieser Teil in der Vergangenheit die Beziehung zu wichtigen anderen Menschen beschützt hat und damit mich selbst? Kann ich mich dafür bei ihm bedanken? Und ihn z.B. bitten, ein wenig zur Seite zu treten und zu beobachten, ob vielleicht doch etwas Gutes passiert, wenn ich Selbstmitgefühl praktiziere? Was braucht der Teil noch, damit er es zulassen kann?

In der Psychotherapie ermöglicht Mitgefühl durch die fortgesetzte gemeinsame Erforschung des Leidens der Patientin heilsame Einsichten. Dies kann zur Anerkennung der vielen Schichten der Bedeutung des eigenen Leidens und des Leidens von anderen führen. Wenn Psychoanalytikerin und Patientin dieses menschliche Dilemma sehen und ihm begegnen, können sie vielleicht sogar mitfühlender mit allen Wesen werden. Mitgefühl mit allen Wesen ist ja etwas, das man nach jeder buddhistischen Meditation ausdrückt, indem man wünscht: »Mögen alle Wesen frei sein von Leiden, mögen alle Wesen glücklich sein.«

Persönliches Leiden kann sowohl durch meditative Praxis als auch durch psychotherapeutische Arbeit transformiert werden, manchmal durch beides.

Freundlichkeit mit mir selbst

Wir können beginnen, erst einmal genau darauf zu achten, was wir jeden Tag tun, und erkennen, welche Gefühle eine Tätigkeit, ein Ort, die Tageszeit oder ein bestimmter Mensch in uns auslösen. Dann können wir beginnen, freundlich zur Kenntnis zu nehmen, dass wir verletzlich sind: Ja, es gibt Dinge, Situationen, Menschen, die mir weh tun. Kann ich das anerkennen?

Kann ich für einen Moment aushalten, dass da Schmerz ist? Das ist ein erster Schritt von Mitgefühl mit mir selbst. Ich kann es also bereits, habe es nur noch nie so gesehen. Ich bin frei auszuprobieren, ob es vielleicht häufiger geschehen kann, dass ich für einen Moment innehalte und ein wenig Freundlichkeit mit mir selbst aufbringe. Die Anerkennung meiner Verletzlichkeit und meiner Schwächen ist auch ein Akt der Würde!

Schlussbemerkungen zum Thema Mitgefühl

Wir können beim Wunsch nach Gerechtigkeit beginnen oder beim Mitgefühl. In jedem Fall geht es darum, mit sich und der Welt Frieden zu schließen. Uns selbst und andere immer wieder aufs Neue freundlich zu akzeptieren. Das ist eine Herausforderung für jeden Menschen und für diejenigen, die professionell mit Menschen arbeiten, die auf die eine oder andere Weise in besonderem Maße Hilfe benötigen.

Es gibt dabei nicht *den* Weg. Wichtig scheint mir, dass wir die Themen überhaupt in unser Bewusstsein lassen, freundlich willkommen heißen als WegbegleiterInnen, die uns dabei helfen können, mit uns selbst mehr in Einklang zu sein.

Teil 2

Die Perspektive einer westlichen Buddhistin

Sylvia Wetzel

Einleitung

Kleine Kinder pochen darauf, dass Spielzeug und Nachtisch gerecht verteilt werden, und sie brechen schnell in Tränen aus, wenn sich ein anderes Kind verletzt, sie wollen unbedingt und sofort helfen, wenn ein kleiner Käfer auf dem Rücken liegt und hilflos strampelt. Auch Erwachsene reichen völlig Fremden auf der Rolltreppe ohne Nachdenken die Hand, wenn jemand stolpert, und sie bemühen sich um Gerechtigkeit, zumindest und vor allem innerhalb der eigenen Gruppe. Wenn die Entwicklung einigermaßen normal verläuft, sind wir nicht nur als Kinder spontan mitfühlend und gerecht, sondern auch als Erwachsene, zumindest mehr oder weniger.

Es scheint allerdings auch natürlich zu sein, vor allem vertraute Menschen gerecht und mitfühlend zu behandeln, denn da setzt man bewusst oder unbewusst Gegenseitigkeit voraus. Die große Frage ist also, auf wen sich unser *spontanes* oder *natürliches* Gerechtigkeitsempfinden und Mitgefühl bezieht und wo es endet. Und ob wir lernen können, uns auch Menschen gegenüber gerecht und mitfühlend zu verhalten, die nicht zu unserer Gruppe gehören, die wir kaum oder gar nicht kennen oder sogar ablehnen.

In aller Kürze: Ein gewisses Maß an Gerechtigkeitsempfinden und Mitgefühl scheint sich in allen auf Dauer angelegten sozialen Gruppen zu entwickeln. Beide Haltungen fördern den Zusammenhalt der Gruppe, und daher sind Menschen, die andere ungerecht behandeln und bei Schmerzen und Problemen kein Mitgefühl zeigen, eher unbeliebt.

Alle buddhistischen Schulen und Richtungen gehen davon aus, dass wir uns dann zumindest etwas mitfühlender, respektvoller und gerechter verhalten, wenn wir uns mit anderen *verbunden* fühlen, und sie lehren viele Methoden, wie wir die relative und tiefe Verbundenheit *erkennen*, eine freundliche und zugewandte *Einstellung* entwickeln und das in konkretes *Handeln* umsetzen können.

Das buddhistische Menschenbild ist einerseits sehr *optimistisch*, denn es geht davon aus, dass alle Menschen Liebe, Kraft und Weisheit entfalten können, andererseits aber auch sehr *realistisch*, denn die buddhistischen Lehren beschreiben sehr detailliert die vielen Hindernisse, die einer freundlichen und mitfühlenden, wertschätzenden und offenen Haltung entgegenstehen. Und sie betonen, dass wir nur dann unser großes Potential für Weisheit, Liebe und kluges Handeln entfalten können, wenn wir das mit Leib und Seele *wollen* und ein Leben lang *üben*.

Im ersten Kapitel über *Gerechtigkeit* stelle ich unterschiedliche politische, christliche und buddhistische Vorstellungen vor, die sich mit den Bedingungen einer gerechten Gesellschaft befassen. Sie anerkennen die ewige Spannung zwischen Gleichheit und Verschiedenheit und versuchen, gesellschaftliche Formen und Regeln zu finden, die uns dazu inspirieren können, uns einerseits als gleichwertig anzuerkennen und andererseits als unterschiedlich und einzigartig zu schätzen.

Im zweiten Kapitel beschreibe ich unterschiedliche Aspekte und Dimensionen von *Mitgefühl* und weiterer notwendiger Einstellungen zu uns und anderen, die wir brauchen, wenn wir erkennen, dass es weder perfekte Menschen noch perfekte politische und wirtschaftliche, soziale und kulturelle Systeme gibt und geben kann. Eine mitfühlende Haltung und der Einsatz für eine gerechte Welt werden möglich, wenn wir eine Art realistischen Optimismus entdecken, der zwei Komponenten hat: Einsicht und Vertrauen. Einsicht in die drei Daseinsmerkmale – natürliches Leiden, Unbeständigkeit und Unkontrollierbarkeit des Lebens – und das tiefe Vertrauen, dass wir Teil eines unfassbaren Ganzen sind, das Christen Gott nennen, Buddhisten Buddha-Natur und Humanisten vielleicht Menschheit.

Im dritten Kapitel stelle ich *Wege zu Mitgefühl und Gerechtigkeit* vor, und zwar anhand der Übungsfelder des achtfachen Pfades. Sie geben uns konkrete Anregungen zu Sicht, Verhalten und Meditation, die ich in Beziehung setze zu den drängenden politischen und sozialen Fragen unserer Zeit. Der achtfache Pfad zeigt uns, wie wir unsere *Sicht* auf die Welt und unsere *Einstellungen* zu ihr und unser konkretes *Verhalten* immer genauer erkennen und überprüfen und bei Bedarf verändern und erweitern können, in Richtung Verbundenheit mit allen und allem. Die Übungen des Achtfachen Pfades wollen und können uns dazu ermutigen und befähigen, durch regelmäßige Praxis, mit liebevoller Achtsamkeit und Sammlung immer mehr das, was wir für gut und richtig halten, im Alltag auch umzusetzen, privat und öffentlich, zu Hause, auf der Arbeit und in Gesellschaft und Politik.

Ich fasse zwischendurch immer wieder einige Aussagen in kurze Thesen zusammen, als Anstoß für eigene Überlegungen und schlage Übungen vor, die eigene Erfahrungen mit einbeziehen.

1. Gerechtigkeit

Das Dilemma von Gleichheit und Verschiedenheit

Die meisten Menschen verhalten sich tendenziell gerecht innerhalb ihrer eigenen Gruppe, wie auch immer Gerechtigkeit kulturell definiert wird und sich konkret zeigt. Menschen sehnen sich nach Gerechtigkeit, vor allem dann, wenn sie etwas *bekommen* wollen. Sollen sie etwas *abgeben*, machen sie gerne eine Ausnahme, natürlich nur zum eigenen Vorteil. Hinter dem Wunsch nach Gerechtigkeit steht die Idee der Gleichheit. Weil wir irgendwie gleich sind – was genau das ist und wie Gleichheit aussieht, können wir aber meist nicht sagen –, wollen wir vor allem gleich behandelt werden wie die anderen, wobei nicht sicher ist, ob wir unsererseits auch sie gleich behandeln wollen. Denn weil wir *anders* oder verschieden sind, meinen wir, *besondere* Rechte zu haben. Diese Haltung drückt ein grundsätzliches Dilemma aus: Wir sind gleich *und* verschieden. Wie können wir der Tatsache *gerecht* werden, dass wir einerseits gleich oder gleichwertig sind und andererseits verschieden und einzigartig?

Gerechtigkeit und Gleichheit

Der Ansatz des Buddhismus in Sachen Gleichheit ist schlicht und bodenständig. Unsere Gleichheit wird damit begründet, dass wir die gleichen grundlegenden *Wünsche* ans Leben haben: Alle Wesen wollen glücklich sein und frei von Leid. Wir wollen alle Leid vermeiden und Glück erleben, auch wenn wir uns kulturell und individuell sehr unterscheiden mögen, was wir im Allgemeinen und Besonderen für Glück und Leid halten. Der Wunsch nach Glück und nach der Vermeidung von Leid hat biologische Grundlagen, denn angenehme Gefühle sagen uns, zumindest im Prinzip, wenn etwas gut für uns ist, und unangenehme Gefühle warnen uns vor Gefahren. Da wir aber kaum oder gar nicht mehr in enger Verbundenheit mit der Natur leben, geben uns diese beiden Grundgefühle, die Bewertung als angenehm oder unangenehm, oft einen schlechten Rat, denn sie folgen eher unseren kulturell erworbenen Vorlieben und psychologischen Nöten als unseren körperlichen und emotionalen, geistigen und spirituellen Bedürfnissen.

Vor zweieinhalbtausend Jahren führte der Buddha im kastenorientierten Indien die unerhörte Regel ein, dass das Datum der Ordination den Rang einer Person im buddhistischen Orden bestimmt und nicht ihre Kaste. Am Beispiel einer Nonne: Wurde eine Frau aus einer niedrigen Kaste *vor* der Tochter eines Brahmanen oder eines Fürsten ordiniert, so stand sie in der Sangha, der Gemeinschaft der ordinierten buddhistischen Praktizierenden, höher. Das gleiche galt für Männer, die sich ordinieren ließen, und dieses bewusste Außerachtlassen der Kaste war damals sicherlich noch schwerer zu verkraften als heute. Allerdings, und da blieb der Buddha in den kulturellen Begrenzungen seiner Zeit befangen, waren und blieben die Nonnen von Anfang an den Mönchen bei öffentlichen Zeremonien untergeordnet, organisierten aber, wie auch die Mönche, ihre Klöster in Eigenverantwortung. Frauen- wie Männerklöster wählen ihre Äbtissin bzw. Äbte auch heute noch für eine bestimmte Anzahl von Jahren, besprechen ihre Anliegen und Herausforderungen zusammen und entscheiden darüber gemeinsam. Das tun sie auch heute noch.[94]

Politik, Recht und Gesellschaft

Der Wunsch nach Gerechtigkeit ist nicht leicht umzusetzen, denn wir stecken von Anfang an in einem grundsätzlichen Dilemma: Wir sind uns zwar darin *gleich*, dass wir nach Glück streben und Leid vermeiden wollen, *unterscheiden* uns aber darin, was wir für Glück und Leid halten. Wir wollen nicht alle die gleiche Menge und Art von Nahrung und Kleidung, Wohnfläche und Möbel, berufliche Umstände usw. haben oder bekommen, sondern das, was unseren Interessen und Gewohnheiten, unseren Vorlieben und unserem Geschmack entspricht. Bevor ich einige Überlegungen zum Thema Gerechtigkeit vorstelle, möchte ich das Dilemma von Gleichheit und Verschiedenheit aus unterschiedlichen Perspektiven beleuchten.

In welchem Verhältnis stehen Gleichheit und Verschiedenheit? Die politische Philosophin Hannah Arendt[95] setzt Gleichheit und Verschiedenheit in Beziehung zu Politik, Recht und Zivilgesellschaft und unterscheidet grob zwei Bereiche, in denen jeweils eines der beiden Prinzipien vorrangig Geltung hat. *Politisch* und damit auch vor dem Gesetz sind wir *gleich*, zumindest im Prinzip, und die *Gesellschaft* ist der Raum, wo wir unser Leben nach unseren jeweils eigenen Bedürfnissen und Interessen, die sich voneinander *unterscheiden*, gestalten können. Werden die beiden Bereiche des Lebens verwechselt, auf jeweils einen reduziert oder gleichsetzt, wird das Leben freudlos und langweilig.

Vormoderne Staaten haben aus der sozialen Verschiedenheit der Stände – Adel, Klerus, Bauern und Handwerker – unterschiedliche Rechte und politische Gestaltungsmöglichkeiten für die unterschiedlichen Stände abgeleitet. Seit der US-amerikanischen und der Französischen Revolution kämpfen die Menschen überall auf der Welt für »Freiheit, Gleichheit und Brüderlichkeit bzw. Solidarität«. Der Begriff *Brüderlichkeit* spiegelt ebenso wie die französischen und englischen Begriffe für Mensch, *l'homme* und *man*, die kulturelle Blindheit dafür, dass nicht nur Männer Menschen sind, sondern auch Frauen. Wenn man sprachlich Mensch mit Mann gleichsetzt, braucht es eine Frau wie Olympe de Gouge, die 1793 explizit die Menschenrechte auch für Frauen forderte. Sozialistische und kommunistische Bewegungen sind nicht zuletzt daran gescheitert, dass sie nicht nur gleiche Rechte im öffentlichen Raum, in Politik und Recht durchsetzen wollten, sondern versuchten, auch die Zivilgesellschaft »gleichzuschalten«. Das scheint eine naheliegende und daher häufig vorkommende Sackgasse zu sein, wenn man schnell Armut beseitigen will und noch nicht verstanden hat, dass man schöpferische Vielfalt braucht, um ein lebendiges Gemeinwesen zu schaffen.

Gleichheit vor dem Gesetz und in der Politik ist die Grundlage für ein demokratisches Staatswesen. Sie muss jedoch ergänzt werden durch rechtliche und kulturelle, soziale und wirtschaftliche Rahmenbedingungen, die es den Menschen ermöglichen, ihre persönlichen und berufliche Fähigkeiten auszubilden, am kulturellen Leben teilzunehmen, ihren Lebensunterhalt auf würdige Art und Weise zu verdienen, und die dafür sorgen, dass die Schere zwischen Arm und Reich nicht zu groß wird. Wir brauchen aber auch den gesellschaftlichen Freiraum, in dem sich unterschiedliche Lebensentwürfe entfalten können, denn so etwas Komplexes wie eine ganze Gesellschaft kann man nicht am Reißbrett entwerfen und auch nicht planwirtschaftlich steuern. Ein komplexes Gemeinwesen braucht die Kooperationsbereitschaft unterschiedlicher Menschen mit unterschiedlichen Fähigkeiten und Perspektiven aufs Leben. Das Dilemma von Gleichheit und Verschiedenheit kann man allerdings nur dann gut aushalten, wenn beide Erfahrungen genügend Raum haben und sich gegenseitig korrigieren können. Das bedeutet, dass eine große Aufgabe von Politik, Recht und Gesellschaft darin besteht, diese Freiräume zu schaffen und zu erhalten.

Fünf Pfeiler der Gesellschaft

Eine große Herausforderung besteht darin, zu begreifen, dass die vier bzw. fünf Pfeiler einer Gesellschaft – Wirtschaft, Politik, Recht, Moral, Ethik – unterschiedlich funktionieren, und wir müssen ihre unterschiedlichen Funktionen und Strukturen verstehen und berücksichtigen, um zwei Fallen, Ungerechtigkeit und Gleichmacherei, zu vermeiden, betont der französische Philosoph André Comte-Sponville.[96] Ich fasse hier einige seiner Thesen, ergänzt um eigene Überlegungen, kurz zusammen, da sie einerseits leicht zu verstehen sind und zugleich die ungeheure Komplexität dieser Aufgabe deutlich machen.

Die *Wirtschaft* soll, wie schon Adam Smith betonte, Waren in ausreichender Menge und guter Qualität zur Verfügung stellen. Solange Mangel herrscht, scheint Marktwirtschaft gut geeignet, diese Aufgabe zu erfüllen, vor allen Dingen, solange sie sozial, d.h. auf das Gemeinwohl aller Menschen in einer Wirtschaftsregion bezogen bleibt. Wenn aber wie in vielen westlichen Ländern Überfluss herrscht, braucht es eine andere Ökonomie, und eine der Möglichkeiten ist hier die Ökonomie des Schenkens und Teilens, so die These von John Mason in seinem lesenswerten Buch *Postkapitalismus*[97].

Recht und Politik sollen die Strukturen des Zusammenlebens so gestalten, dass sich Menschen zusammenschließen und miteinander die Regeln aushandeln können, nach denen sie die gemeinsame Welt gestalten wollen. Diese ersten drei Pfeiler sind elementar für jede Gesellschaft und sollten so gestaltet sein, dass auch unvollkommene Menschen nicht allzu großen Schaden anrichten können.

Die Forderungen der *Moral* richtet sich an Individuen, und ihre Inhalte entsprechen der Goldene Regel, die in der Achsenzeit – auf die ich gleich noch näher eingehen werde – in vielen Kulturen entdeckt wurden und die die Grundlage aller demokratischen Verfassungen und Rechtssysteme ist: »Was du nicht willst, dass man dir tu, das füg' auch keinem andern zu.« Die Crux mit der Moral und der Goldenen Regel ist, dass sie eine gewisse Einsicht voraussetzt, nämlich die Fähigkeit zwischen Recht und Unrecht, zwischen richtig und falsch zu unterscheiden, wie auch immer das in einer Kultur im Einzelnen definiert wird. Moral ist in diesem Sinne eine autonome Fähigkeit der Vernunft. Ihr Wirkungskreis beschränkt sich, trotz ihres inneren Zusammenhangs mit der Goldenen Regel, in Krisenzeiten auch in demokratischen Staaten meist nur auf die Angehörigen der eigenen Gruppe.

Die Ethik der *Liebe* ist für Sponville die Krönung der menschlichen Fähigkeiten, denn sie kann die Würde und den Wert *aller* Menschen achten, weil sie Würde und Wert des Individuums und seine Freiheit anerkennt und achtet. Mit großer Offenheit weist er auf *Spiritualität* als Möglichkeit für religiös empfängliche Menschen hin, ein Weg, der ihm als bekennendem Atheisten zwar nicht offen steht, der ihn aber nicht daran hindert, die Bergpredigt als Manifest der Ethik der Liebe und die buddhistischen Lehren des Mitgefühls zu schätzen.[98]

Die fünf Pfeiler einer Gesellschaft – Wirtschaft, Politik, Recht, Moral und Ethik – folgen unterschiedlichen Gesetzen, und wir müssen ihre unterschiedlichen Funktionen verstehen, um die Fallen der Ungerechtigkeit und der Gleichmacherei zu vermeiden.

Kloster und Karneval

Der Ethnologe Victor Turner[99] hat das komplexe Zusammenspiel von Gleichheit und Verschiedenheit in afrikanischen Stammesgesellschaften untersucht und seine Forschungsergebnisse auf traditionelle und moderne Gruppen in Europa bezogen, auf Klöster und Motorradgangs, auf Faschingsvereine, Freimaurergesellschaften, esoterische Sekten usw. Seine Grundthese ist: *Völlige* Gleichheit ist nur situativ und in Ausnahmesituationen möglich, z.B. bei völliger Armut, in unstrukturierten Situationen, in Notlagen und zu bestimmten, genau begrenzten Zeiten. Im konkreten Leben sind wir angewiesen auf Unterschiede in Bezug auf Fähigkeiten, Rollen und Arbeitsteilung, auf natürliche und sachliche Autorität usw.

Turners salomonischer Rat ist: Wir brauchen Orte und Zusammenhänge, in denen wir für eine bestimmte Zeit aus unseren sozialen Strukturen der Verschiedenheit aussteigen, um Gleichheit, lat. *communitas*, zu erleben. Da aber Gleichheit nur situativ herstellbar und für begrenzte Zeit erlebbar ist, wird sie zu einem Zwangssystem, wenn man versucht, sie zu fixieren und auf alle Lebensbereiche zu übertragen. In der europäischen Kultur gibt es seit Jahrhunderten zwei gesellschaftlich akzeptierte Möglichkeiten, mit Gleichheit und Verschiedenheit zu experimentieren: Kloster und Karneval. In aller Kürze: *Klöster* bieten die Möglichkeit, aus sozialen Rollen auszusteigen und als relativ Gleiche unter Gleichen zu leben. Und *Karneval* erlaubt Menschen aller Stände, mit sozialen Rollen zu experimentieren.

In den christlichen *Klöstern* suchten vor allem die Leistungsträger der europäischen Gesellschaft Befreiung von sozialen Rollen. Das Ideal war ein Leben als Gleiche unter Gleichen, was durch eine bestimmte Kleidung unterstrichen wurde. Auch in buddhistischen Ländern spielten die Klöster eine große Rolle im kulturellen und wirtschaftlichen Leben und für die soziale Durchmischung im Land. In Ostasien, in Myanmar, Thailand und Sri Lanka ist es auch heute noch üblich, dass junge Männer und auch gestandene Geschäftsleute für ein, zwei oder mehrere Wochen im Jahr in ein Kloster gehen, und manche tun das regelmäßig. Das war in diesen Ländern schon üblich, lange bevor in deutschen Managerkreisen »Kloster auf Zeit« beliebt wurde. Warum das die Frauen in diesen Ländern erst heute tun, darauf komme ich gleich.

Natürlich spielten und spielen in christlichen und buddhistischen Klöstern aller Traditionen die sozialen Strukturen des jeweiligen Landes eine Rolle, und daher gibt es auch dort soziale Unterschiede. Aber Klöster sind zumindest ein Versuch, ein gewisses Maß an menschlicher Gleichheit unter den Bedingungen sozialer Ungleichheit herzustellen. Die Offenheit für alle sozialen Stände war ein wesentlicher Grund für die kulturelle Fruchtbarkeit der christlichen Klöster in Europa. Die christlichen Frauenklöster waren und blieben in ihrer Mehrheit ein Ort der Bildung für die höheren Schichten. Auch die buddhistischen Frauenklöster boten und bieten auch heute noch Frauen in Asien einen Ausweg aus einem klassischen Frauenleben als Ehefrau und Mutter, und viele Frauen schätzen die Möglichkeit, in einem Kloster Bildung zu erwerben und unter Frauen zu leben.

In einigen Ländern Asiens gab es bis zur ersten Internationalen Nonnenkonferenz 1987, an der ich als Novizen-Nonne der tibetischen Gelug-Tradition teilnahm, keine Frauenordination mehr. Nach dieser von westlichen Frauen angestoßenen Konferenz, an der knapp zweihundert Nonnen und Laienfrauen aus dem Westen und aus Asien teilnahmen, entstanden in einigen asiatischen Ländern starke Bewegungen, die dazu führten, dass es inzwischen überall respektierte Nonnenorden und gute Ausbildungsmöglichkeiten für buddhistische Lehrerinnen aus Asien gibt (www.sakyadhita.org). Auch diese kraftvolle spirituelle Frauenbewegung ist ein Ausdruck dafür, dass Menschen ihre Lebensbedingungen verändern können, wenn sie sich zusammentun und ihre Ziele klug und geduldig verfolgen.

Im *Karneval* leben Menschen aller Schichten ihre *Auf*stiegs- und *Aus*stiegssehnsüchte aus und spielen König und Königin, Grande Dame und Präsident, Räuber und Bardame, Gauner und Dirne. Das karnevaleske Spiel mit den Rollen zeigt, für eine begrenzte Zeit, die Relativität aller Rollen und sozialen Funktionen, und das dient auch als Ventil für die zahlreichen Enttäuschungen über ein allzu geordnetes Leben, in dem viele Berufe nicht zugänglich sind und Aufstiegswünsche scheitern.

Turners Hauptargument ist klar und einsichtig: Völlige Gleichheit ist eine *gefährliche* Utopie, weil sie weder der Unterschiedlichkeit der einzelnen Menschen noch den vielfältigen Funktionen einer komplexen Gesellschaft gerecht wird. Wir brauchen allerdings Erfahrungen der Gleichheit, am besten regelmäßig und in einem unbelasteten Kontext, denn das relativiert soziale Unterschiede und gibt uns den Raum, in dem wir Unterschiedlichkeit und Arbeitsteilung akzeptieren können.

Wir brauchen Orte und Zusammenhänge, in denen wir immer wieder für eine bestimmte Zeit aus unserer sozialen Strukturen der Verschiedenheit aussteigen und Gleichheit erleben können.

Gerechtigkeit oder das gute Leben

Die US-amerikanische Philosophin Martha Nussbaum ist Aristoteles-Spezialistin und stellt in ihrem sehr lesenswerten Buch *Gerechtigkeit oder Das gute Leben*[100] Thesen zu einem »aristotelischen Sozialdemokratismus« vor. Zusammen mit dem indischen Soziologen Armatya Sen formulierte sie in den 1990er-Jahren neue Kriterien für die Einschätzung von Entwicklungsländern. Ich fasse im Folgenden ihre Thesen über das gute Leben zusammen.

Geld und Besitz spielen für das Thema Gerechtigkeit natürlich eine Rolle, sie sind aber keine absoluten Werte. Der hängt davon ab, wie sie auf Menschen *wirken*. Besitz und äußere Güter sind nur zu bestimmten Zwecken brauchbar, und sie haben ihre Grenzen. Es geht nicht primär darum, das menschliche bzw. *biologische* Leben zu fördern – darum scheint es radikalen Abtreibungsgegnern vor allem zu gehen –, sondern um ein menschlich *gutes* Leben. Zwei zentrale menschliche Tätigkeiten organisieren für Nussbaum das Leben: die praktische *Vernunft* und die *Verbundenheit* mit anderen. Daher sollte ein gutes Leben zum Gebrauch der Vernunft und zur Entscheidungsfähigkeit erziehen und die Verbundenheit mit anderen Menschen stärken.

Nach der *schwachen* Theorie des guten Lebens sollen Menschen *individuell* entscheiden, was sie mit den verfügbaren Gütern machen. Die Ressourcen sollen einigermaßen gerecht verteilt werden, und dann macht jeder daraus, was er oder sie will. Das ist der klassisch *liberale* Ansatz. Er lässt den Menschen die Freiheit der Wahl, nimmt aber soziale und kulturelle Ungerechtigkeiten als gegeben hin. Bei der *starken vagen* Theorie des Guten gibt es einen Katalog von »Tugenden«, der je nach Kontext verändert werden kann. Nussbaum und Sen fassen sie in einer »Minimaltheorie des Guten« zusammen, die ich weiter unten vorstelle. Man muss allerdings sehr darauf achten, dass regionale Unterdrückungsmechanismen, die die Rechte bestimmter Menschengruppen einschränken, nicht unter dem Deckmantel der Kultur gerechtfertigt werden und somit erhalten bleiben. Beispielsweise werden viele Frauen (und Männer) weiterhin bestreiten, dass man Frauen aus kulturellen Gründen zur Klitoris-Beschneidung zwingen, ihnen das Autofahren oder das Arbeiten außer Haus, den Schulbesuch oder das Wählen verbieten und das Tragen von Kopftüchern aus religiösen Gründen vorschreiben darf. Wir müssen mit Respekt und Achtung miteinander um die Kriterien des guten Lebens »streiten«, nur dann können sich ungerechte Verhältnisse zum Besseren für die Mehrheit der Beteiligten verändern.

Solange es in einer Gesellschaft bedürftige Menschen gibt, braucht es soziale Hilfssysteme. Nach Nussbaum ist es nicht sinnvoll, die öffentliche Wohlfahrt allein an den *Wünschen* der Menschen zu orientieren, da diese kulturell geprägt sind. Die Aufgabe des Staates bei der Unterstützung von Bedürftigen kann dabei unterschiedlich definiert werden: Das *institutionelle* Wohlfahrtssystem fördert das ganze gute Leben und orientiert sich dabei am Prinzip der freien Entfaltung der Persönlichkeit und an kulturell erwünschten Fähigkeiten. Das *residuelle* Wohlfahrtssystem hilft vor allem den Zukurzgekommenen.

Welche Art von Wohlfahrt wir für sinnvoll halten, ist abhängig von unserem Menschenbild und davon, was wir unter Gleichheit und Gerechtigkeit verstehen. Was können Menschen und was sollten sie können? Müssen alle gleich viel arbeiten und leisten und falls nein, wie entscheiden wir, was angemessen und gerecht ist? Heißt Gerechtigkeit, Menschen sollten ungefähr gleich viel Besitz und Geld besitzen, oder heißt es, sie sollten möglichst *gleiche Chancen* bekommen? Aber was bedeuten gleiche Chancen, wenn wir doch alle *verschieden* sind? Das sind große Fragen, über die man sich nicht leicht verständigen kann, und daher muss man wohl mit Respekt und Achtung darüber streiten. Nach Hannah Arendt ist das eine der Aufgaben der Politik, dass Menschen im Plural, Menschen, die unterschiedliche Perspektiven auf die Welt haben, sich austauschen und miteinander aushandeln, wie sie die gemeinsame Welt gestalten wollen.

Die zentrale Aufgabe von Politik besteht darin, dass Menschen im Plural, mit unterschiedlichen Perspektiven auf die Welt, sich austauschen und miteinander aushandeln, wie sie die gemeinsame Welt gestalten wollen.

Eine Minimaltheorie des Guten

Die Minimaltheorie des Guten umfasst zehn zu fördernde Grundfähigkeiten der Menschen, die nach Möglichkeit in allen Bereichen der Gesellschaft gefördert werden sollen.[101] Eine Theorie ist zwar noch keine Tatsache, aber sie kann allen Beteiligten als Orientierung für sich selbst und für ihre Klientel dienen. Menschen sollen also dazu befähigt werden, sich um die folgenden Anliegen zu kümmern:

Zehn zu fördernde Grundfähigkeiten der Menschen:

1. Das Leben bis zu seinem natürlichen Ende leben
2. Gute Gesundheit
3. Schmerz vermeiden und Freude erleben
4. Die fünf Sinne gebrauchen, denken und urteilen
5. Fähig sein zur Bindung an Menschen und Dinge: lieben, trauern, Sehnsucht, Dank
6. Vorstellungen des Guten entwickeln, fähig zur Lebensplanung
7. Für andere und auf sie bezogen leben
8. Verbundenheit mit Tieren, Pflanzen und der Natur empfinden
9. Lachen, spielen, Freude an Erholung
10. Das eigene Leben im Kontext der eigenen Umgebung leben

Gerechtigkeit für uns und andere

In vormodernen Gesellschaften bezieht sich der Anspruch auf Gerechtigkeit nur auf die eigene Gruppe, und auch da gibt es Unterschiede je nach Alter, Stand, Geschlecht und Lebenssituation. In der Achsenzeit, im ersten Jahrtausend vor der Zeitenwende, entdeckten und formulierten »maßgebliche Menschen« (Karl Jaspers) in mindestens vier Kulturkreisen universelle Menschenliebe und universelles Mitgefühl: Konfuzius in China, Buddha in Indien, Sokrates, Platon und vor allem Aristoteles in Griechenland und die biblischen Propheten im Babylonischen Exil.[102] Die Öffnung der Perspektive auf die Belange der Sippenfremden, der anderen, ja sogar der Feinde, ist eine Revolution im Denken der Menschen. Ihr Kern ist die oben schon erwähnte Goldene Regel in ihren unterschiedlichen kulturellen Varianten: »Was du nicht willst, dass man dir tu, das füg auch keinem andern zu.«[103] Ich freue mich jedes Mal, wenn ich in den Berliner Gärten der Weltkulturen die Statue des Konfuzius sehe, an der ein kleines Schild mit der deutschen Fassung der Goldenen Regel diese als *chinesische* Lebensweisheit definiert.

Auch wenn vor rund zweieinhalbtausend Jahren nur wenige große Menschen in vier Kulturkreisen diese Einsichten umsetzten und nicht nur anders denken, sondern sich auch anders verhalten konnten, so wurden sie doch nie mehr vergessen, und ihre Lehren dienen bis heute als Orientierung im Rechtssystem aller westlichen Gesellschaften. Seit Gründung der Vereinten Nationen anerkennen alle Mitgliedsstaaten zumindest theoretisch und im Prinzip die

Gleichwertigkeit und Würde aller Menschen, und Regierungen und Präsidenten, die gegen die Menschenrechte verstoßen, versuchen das zumindest damit zu begründen, dass sie diese Rechte *anders interpretieren*. Der eklatante Widerspruch zwischen der offiziellen Anerkennung der Menschenrechte und konkreten Verstößen dagegen, auch in westlichen Staaten, ist ein Hinweis darauf, welch große Herausforderung der universalistische Blick auf die Welt für uns alle immer noch ist.

Im Prinzip sprechen sich alle westlichen Verfassungen für die Anerkennung der Menschenrechte aus, nicht nur im eigenen Land sondern überall, aber jede Regierung pocht auf das Recht, die eigenen Staatsbürger besser zu behandeln als die anderer Staaten. Das Dilemma von Gleichheit und Verschiedenheit lässt sich nicht auf die Schnelle lösen. Wir müssen lernen, diese Spannung auszuhalten, in uns selbst und in der Begegnung mit anderen, und immer wieder über situativ angemessene, kurz-, mittel- und langfristige Lösungen verhandeln. Ob es um das Verhältnis von Menschen mit und ohne Arbeitsplatz geht, um den Steuersatz für Menschen mit und ohne Kinder, um Bildungsangebote für Kinder und Erwachsene aus unterschiedlichen Schichten, um Rechte für deutsche Staatsbürger mit und ohne Migrationshintergrund, für Menschen mit und ohne deutschen Pass, mit und ohne Behinderungen usw.

Gleichheit: haben wollen und abgeben

Wir sind gleich und verschieden. Wie wir uns zueinander verhalten, hat viel damit zu tun, was diese Begriffe für uns bedeuten. Welche Art der Gleichheit und der Verschiedenheit brauchen, wollen und suchen wir? Wollen wir vor allem dann *gleich* behandelt werden, wenn es darum geht, etwas zu *bekommen*? Pochen wir vor allem dann auf unsere Unterschiedlichkeit, wenn es darum geht, etwas *abzugeben* oder wenn wir etwas bekommen wollen, was wir unbedingt brauchen? Wir betonen Gleichheit, wenn es uns und unserer Gruppe nützt, und verlangen eine Ausnahme, wenn uns Gleichbehandlung nichts nützt oder sie unseren Anteil oder unsere Chancen scheinbar oder tatsächlich verringern würde.

Damit folgen wir dem alten Prinzip: Den Meisten geht es um Gerechtigkeit innerhalb der eigenen Gruppe, d.h. mit Menschen, die sie als gleich oder gleichwertig betrachten. Ungerechtigkeit scheint erlaubt und angemessen gegenüber Fremden und allen

Menschen, die wir als nicht gleichwertig betrachten, weil sie in einem für uns wichtigen Punkt anders sind, und sei es nur, weil sie anders aussehen oder reden, einen anderen Pass haben, aus einer anderen Kultur kommen oder einer andere Religion folgen. Die Frage bleibt: Welche Voraussetzungen braucht es, damit wir unseren Blick ausweiten? Welche Art der Gleichheit braucht es und wie viel davon, damit wir Unterschiede aushalten und Besitz und Chancen mit Menschen teilen können, die anders sind? Und wie gehen wir mit Fremden um, die zu uns kommen, weil sie den westlichen Lebensstandard schätzen, aber unsere Werte und politischen Errungenschaften ablehnen? Wie weit reicht die Anerkennung von Unterschieden, wenn andere unseren Lebensstil ablehnen?

Wollen wir vor allem dann gleich behandelt werden, wenn es darum geht, etwas zu bekommen? Pochen wir vor allem dann auf unsere Unterschiedlichkeit, wenn es darum geht, etwas abzugeben oder wenn wir etwas bekommen wollen, was wir unbedingt brauchen?

Gerechtigkeit und Fairness, Autorität und Autonomie

Der US-amerikanische Kulturpsychologe Jonathan Haidt[104] erforscht die moralischen Kategorien unterschiedlicher Schichten und Ethnien in den USA und wie sie sich in den Werten und Forderungen politischer Parteien spiegeln. Er stellt bei den US-amerikanischen Republikanern und Demokraten sehr unterschiedliche Interpretationen von und Haltungen zu den Themen *Freiheit, Gleichheit* und *Gerechtigkeit* fest, die einen großen Teil der politischen Spaltung der USA nachvollziehbar macht.

Demokraten betonen *zwei* Anliegen: *Gerechtigkeit* im Sinne der Solidarität mit sozial benachteiligten Menschen und *Freiheit*, im Sinne einer radikalen Autonomie gegenüber Hierarchien und Autoritäten. In anderen Worten, sie fordern vorausschauende *institutionelle Wohlfahrt* für Benachteiligte im Sinne Martha Nussbaums und Freiheit von Einschränkungen der autonom und unabhängig gedachten Persönlichkeit. Die heutigen politischen Schlüsselbegriffe dafür sind »politisch korrekte Sprache« und *diversity*. Der Begriff *political correctness* wird von den »Rechten« allerdings meist polemisch benutzt, denn sie wollen damit die Forderung der »Linken« nach einer respektvollen Verwendung von Sprache lächerlich machen. Anerkennung der Vielfalt und eine respektvolle Sprache sind verständlicherweise vor allem ein Anliegen von Minderheiten und einer universalistisch und individualistisch ausgerichteten gebildeten Mittel- und Oberschicht. Republikaner betonen *fünf* Anliegen, die den Zusammenhalt der eigenen Leute im Auge haben und vor allem den weißen Männern der unteren Mittelschicht und der Landbevölkerung aus dem Herzen sprechen: Die *Sorge* um die benachteiligten *eigenen* Leute, *Fairness* auf der Grundlage von Gegenseitigkeit, *Loyalität* gegenüber der eigenen Gruppe und der Nation, Sinn für *Autorität* und Ordnung und Wertschätzung der *Religion*.

Haidts Beobachtungen lassen den Schluss zu, dass die eher universalistisch ausgerichteten kulturellen Eliten vor lauter Fixierung auf die mobile und flexible Einzelpersönlichkeit die Befindlichkeit des Gros der Bevölkerung aus den Augen verlieren, und genau das trägt weiter zur Desintegration der Gesellschaft bei. Und die Republikaner versuchen, den brüchigen sozialen Zusammenhalt mit einer Rolle rückwärts zu alten Werten zu flicken. Beide Einstellungen werden der Tatsache der Desintegration der Gesellschaft im Zeitalter der Globalisierung nicht gerecht.

Demokraten interpretieren Gleichheit als Angleichung von Lebensverhältnissen und Gerechtigkeit als Raum für den freien Ausdruck der Persönlichkeit. Republikaner reduzieren Gleichheit auf gleiche Chancen und Gerechtigkeit auf angemessene Bezahlung bei gleichem Einsatz, im Kontext einer immer noch idealisierten protestantischen Leistungsethik. Für Demokraten steht die Freiheit von Autoritäten und Vorschriften nicht im Widerspruch zu einem vom Staat geforderten Ausgleich für ungleiche Verdienstmöglichkeiten und verpasste Chancen. Republikaner pochen dagegen auf die Freiheit von staatlichen Eingriffen in die Wirtschaft, es sei denn zur Rettung von Großbanken und Versicherungskonzernen, auf das Recht, Waffen zu tragen und sich selbst zu verteidigen.

Man könnte sagen, die Demokraten sind in dem Sinne moderner und infantiler, sozialer und realistischer, da sie die mangelnde Leistungsfähigkeit vieler Gruppen akzeptieren und die hedonistische Freiheit zum Ausleben aller Fähigkeiten und Bedürfnisse betonen. Die Republikaner orientieren sich eher an der Rezepten der Vergangenheit, sie sind autoritärer und traditioneller und hängen wider besseren Wissens am protestantischen Leistungsideal, obwohl ihnen klar ist, dass ein Großteil des nationalen und internationalen

Reichtums nicht durch fleißige Arbeit, sondern durch Ausbeutung von Natur und Mensch und durch Finanzspekulationen entstanden ist und weiter entsteht.

Im nächsten Unterkapitel spreche ich über Funktion, Notwendigkeit und Chancen von partei- und gruppenübergreifenden Begegnungen und Gesprächen. Sie werden möglich, wenn wir Unterschiede nicht nur als Gegensätze, sondern als unterschiedliche Perspektiven auf die gemeinsame Welt erkennen und schätzen lernen. Man könnte diese Überlegungen auch im dritten Kapitel unter dem Stichwort *Wege zu Gerechtigkeit und Mitgefühl* behandeln, da sie aber einen neuen und konstruktiven Blick auf das Dilemma von Gleichheit und Verschiedenheit ermöglichen, erscheinen sie an dieser Stelle.

Die US-amerikanische Demokraten wirken moderner und infantiler, sozialer und realistischer, da sie die mangelnde Leistungsfähigkeit vieler Gruppen akzeptieren und die hedonistische Freiheit zum Ausleben aller Bedürfnisse und Fähigkeiten betonen. Die Republikaner orientieren sich eher an Rezepten der Vergangenheit, sind autoritärer und traditioneller und hängen wider besseren Wissens am protestantischen Leistungsideal.

Sehnsucht nach Solidarität und Gerechtigkeit

Drei Beziehungen zum Eigenen und Anderen: horizontal, vertikal und transzendental

Am Beispiel der Geschlechterrollen habe ich Ende der 1990er-Jahre ein Beziehungsmodell entwickelt, das die Voraussetzungen für ein konstruktives Umgehen mit Gleichheit und Verschiedenheit sowie die Wege dazu beschreibt.[105] Es lässt sich auf alle Arten von Unterschieden übertragen: Geschlecht und Kultur, Altersgruppe und Schicht, Religion und politische Einstellung, Ethnie und Hautfarbe usw.

Am Beispiel der Geschlechterrollen sieht es so aus: Wir brauchen Einsicht in die Bedingtheit unserer *Selbstbilder* und in die drei Arten von *Beziehungen* zum *eigenen* und zum *anderen* Geschlecht. Ich führe dieses Modell auch deshalb gerne am Beispiel der Geschlechterrollen ein, weil sich dem kaum jemand entziehen und man es daher schnell nachvollziehen kann. Dieses Modell hilft uns jedoch auch, gerade im Hinblick auf die Begegnung mit Menschen aus anderen Kulturen, zu begreifen, dass es bestimmte Voraussetzungen und Bedingungen braucht, damit die Begegnung gelingen kann. Die Forderung nach Offenheit für das Andere und die Anderen reicht nicht aus, denn ohne einen tragenden Grund im Eigenen führt die Begegnung mit dem und den Anderen nur zu Angst und Abwehr oder Überanpassung. Offenheit kann man nicht erzwingen, sondern nur fördern, vor allem durch Beziehungen, Alltagskontakte und Vorbilder sowie durch Werte, die wir vielleicht unterschiedlich formulieren, aber möglicherweise sogar teilen.

Zunächst brauchen wir ein ungefähres Verständnis davon, dass jede Art von Identifikation mit dem eigenen Geschlecht ein komplexes Zusammenspiel vieler Faktoren ist und kein eindeutig fassbares Etwas, das man verteidigen müsste oder könnte. Die drei Arten der Beziehungen zum eigenen Geschlecht geben uns den Grund und Boden, von dem aus wir dem anderen Geschlecht mit Würde begegnen können. Und wir brauchen diese Begegnungen mit dem anderen Geschlecht auch, damit wir uns für einen neuen Blick auf die Welt öffnen und fähig werden, uns in einer immer komplexeren Welt ohne Angst und übertriebene Anpassung zu bewegen.

Damit wir die Komplexität und Bedingtheit unserer *Identität* erkennen und aushalten können, brauchen wir tragfähige und inspirierende Beziehungen mit einer gewissen Kontinuität zum *eigenen* Geschlecht, und zwar *horizontal, vertikal* und *transzendental*. D.h. wir brauchen *horizontale* Beziehungen zu anderen Frauen auf Augenhöhe, damit wir die Vielfalt weiblicher Lebensentwürfe konkret erleben und als für uns brauchbar oder inspirierend wertschätzen oder als nicht für uns passend erkennen lernen. *Vertikal* brauchen wir weibliche *Vorbilder*, die uns immer wieder zeigen, dass mehr möglich ist, als wir bisher erlebt und entwickelt haben. Und schließlich brauchen wir *transzendentale* bzw. *transpersonale* Werte, Symbole oder Bilder vom Weiblichen, die den engen Rahmen dessen, was wir uns vorstellen, zu wissen glauben und erleben können, immer wieder sprengen und uns so offen halten für alle Dimensionen des Weiblichen.

Diese drei Arten der Beziehung zum eigenen Geschlecht können nun auf andere identitätsstiftende Unterschiede – die eigene Kultur oder Nation, Altersgruppe oder Schicht, politische oder religiöse Gruppierung usw. – übertragen werden. Mit dieser Art vielfältiger Beziehungen zum Eigenen haben wir einen Ort, von dem aus wir mit Würde und Souveränität denen begegnen können, die anders sind. Wenn wir in diesem Sinne auf eigenen Füßen stehen – als Frauen oder Männer, als Deutsche oder syrische Migranten, als Christinnen oder Muslime, als Europäer oder US-Amerikanerinnen usw. –, können Beziehungen zu anderen fruchtbar werden, ohne dass wir uns vorschnell anpassen oder uns bedroht fühlen.

In Bezug auf eine fruchtbare Begegnung von Deutschen und Migranten bedeutet das für beide Seiten, dass sie eine gewisse Einsicht in die Bedingtheit und Komplexität von nationaler und kultureller Identität brauchen. Und sie brauchen auch die Einsicht, dass die Mehrheit der Deutschen, vor allem auf dem Land, sozial und kulturell relativ homogen lebt und dass meist nur Menschen in großen Städten das Zusammenleben mit Menschen aus anderen Kulturen und Nationen kennen. Und genauso geht es auch den meisten Migrantinnen und Migranten, denn viele kommen aus kulturell homogenen Zusammenhängen.

Für beide Seiten ist die Einsicht in die Komplexität auch einer relativ homogenen kulturellen Identität eine große Herausforderung. Diese Einsicht wird zugänglicher, wenn alle Beteiligten tragfähige Beziehungen zur eigenen Kultur erlebt haben und leben. Deutsche und Migranten fühlen sich sicherer und sind entspannter, wenn sie gute und tragfähige *horizontale, vertikale* und *transzendentale* Beziehungen im *eigenen* Kulturraum haben. Gerade Migrantinnen und Migranten brauchen die Möglichkeit, regelmäßig mit »ihren Leuten« Zeit zu verbringen, auch sie brauchen *Vorbilder* aus dem eigenen Kulturraum, die ihnen Mut machen, ihre Fähigkeiten zu entdecken und zu entfalten. Und sie brauchen eine lebendige religiöse Gemeinde bzw. ein »säkulares« Vertrauen in die Vision der *einen* Menschheit, in der sie sich immer wieder und ganz konkret transzendental aufgehoben und zugehörig fühlen. Und auf dieser Grundlage können Begegnungen zwischen Deutschen und Migranten aus anderen Kulturräumen und Ländern fruchtbar werden.

Die Basis sind *horizontale* Begegnungen, regelmäßig und alltagsbezogen, in Sport und Freizeit, beim Lernen und Singen und mit kulturellen Aktivitäten usw. Einen großen Einfluss haben Vorbilder und inspirierende Personen aus dem anderen Kulturraum, Politiker und Künstlerinnen, Autorinnen, Musiker und Sportlerinnen usw. Und Gesprächskreise und Dialogveranstaltungen zum Thema Kultur und Religion können das Wissen um Unterschiede und Gemeinsamkeiten erweitern. All diese Begegnungen sind dann fruchtbar, wenn sie regelmäßig und langfristig angelegt sind. Denn *Vertrautheit* mit Menschen, Abläufen und Themen weckt *Vertrauen*.

Im vorigen Abschnitt habe ich unterschiedliche Interpretationen politischer Schlüsselbegriffe bei den US-amerikanischen Demokraten und Republikanern vorgestellt. Auch hier könnten Gespräche auf Augenhöhe mit Mitgliedern und Anhängern und inspirierende Vorbilder der jeweils *anderen* Partei und die sorgfältige Prüfung und Anerkennung der kulturellen Werte der *anderen* ein Weg sein, die Gräben der Nichtkommunikation zu überwinden und das offene und wertschätzende Gespräch über die gemeinsame Welt wieder in Gang zu bringen. Diese Art informeller runder Tische mit einem Austausch zwischen jungen und älteren Mitgliedern aus verschiedenen Parteien gibt es in Deutschland seit Jahrzehnten, und sie sind ein unverzichtbarer Teil einer lebendigen und fruchtbaren politischen Kultur. Das Leben ist zu komplex, als dass wir es uns weiterhin leisten könnten, an einer einzigen Sicht und Interpretation der Welt festzuhalten. Wir brauchen die anderen, damit wir mehr sehen und uns und die Welt besser verstehen lernen, und nur durch einen anderen *Blick* kann sich unsere *Einstellung* und unser konkretes *Verhalten* zu anderen verändern.

Damit wir die Komplexität und Bedingtheit unserer Identität als Frauen (Deutsche, Europäerinnen, Christen usw.) erkennen und aushalten können, brauchen wir tragfähige und inspirierende Beziehungen mit einer gewissen Kontinuität zum eigenen Geschlecht (Sprache, Kultur, Region, Religion usw.), und zwar horizontal, vertikal und transzendental.

Solidarität und Parteilichkeit

Was ist Solidarität? Der Zusammenschluss unterschiedlicher Menschen *gegen* einen gemeinsamen Feind? Oder die konkrete Unterstützung von Menschen, die Hilfe brauchen? Oder beides? Die erste Art von Solidarität bricht schnell zusammen, wenn der gemeinsame Feind überwunden wurde oder der Kampf gescheitert ist. Welche Art von Solidarität trägt auch dann, wenn es keinen gemeinsamen Feind mehr gibt? Vielleicht die Solidarität mit den

Ausgegrenzten, mit den Armen und Bedürftigen? Gibt es auch universelle oder bedingungslose Solidarität mit allen Menschen? Auch in Zeiten des Konflikts? Manche halten nur die Solidarität mit den *eigenen* Leuten, mit Gesinnungsgenossen für notwendig und sinnvoll. Andere nur mit denen, die es *nötig* haben. Die buddhistische Haltung empfiehlt, aus Einsicht in die tiefe Verbundenheit von allem mit allem mitfühlende Solidarität mit *allen* Menschen, ja sogar mit allen *Wesen*, je nachdem, wer welche Hilfe braucht und wer gerade vor uns steht. Wie könnte eine solche *bedingungslose* Solidarität aussehen und wie können wir die Fähigkeit dazu fördern?

Die Vision der bedingungslosen Solidarität mit allen drückt sich zum einen in der Forderung nach *institutioneller* Wohlfahrt aus, die nicht nur die Zukurzgekommenen, sondern alle Menschen dabei unterstützen will, ihre Fähigkeiten zu entfalten. Ein wichtiges Hilfsmittel können dabei Martha Nussbaums oben beschriebene Vorstellungen einer Minimaltheorie des Guten sein, mit den genannten konkreten Fähigkeiten, die Menschen entwickeln können und nach Möglichkeit auch sollen. Ein anderer Ausdruck sind unterschiedliche Ansätze und Modelle der *Entwicklungshilfe*, in deren Kontext auch Nussbaums Ansatz entstanden ist. Relativ gut scheint dabei die Kooperation von Nichtregierungsorganisationen (NGOs), Sponsoren, Unternehmen und staatlichen Förderprogrammen zu funktionieren.[106] Die NGOs legen den Finger auf die sozialen und rechtlichen, wirtschaftlichen und politischen Wunden in einem Land, Sponsoren übernehmen die Anschubfinanzierung von konkreten Projekten, lokale Unternehmen unterstützen bestimmte Ansätze mit eigenen Regeln – Frauenförderung, Einbeziehung lokaler Produzenten, aber auch Anregungen zum Energiesparen, Mülltrennung usw. – und staatliche Institutionen übernehmen bei Bedarf die langfristige Förderung erfolgreicher Projekte. Dieser Ansatz setzt auf die Kooperation unterschiedlicher Träger, die ihr jeweiliges Fachwissen und ihre wirtschaftliche und politische Macht sinnvoll einsetzen. Auf diese Weise wird es möglich, neue Ansätze in kleinen Pilotprojekten auszuprobieren und sie erst dann weitflächig einzusetzen, wenn sie ihre Kinderkrankheiten überwunden haben. Und dieser Ansatz setzt auch auf die Kooperation vieler Einzelpersonen und lokaler Gruppen, was zu einer Stärkung der Zivilgesellschaft beiträgt.

Manche halten nur die Solidarität mit den eigenen Leuten, mit Gesinnungsgenossen für notwendig und sinnvoll. Andere nur mit denen, die es nötig haben. Dier Buddhismus empfiehlt, aus Einsicht in die tiefe Verbundenheit, mitfühlende Solidarität mit allen Menschen, ja sogar mit allen Wesen, je nachdem, wer welche Hilfe braucht und wer gerade vor uns steht.

Gerechtigkeit und Liebe

Die Sehnsucht nach einer gerechten und liebevollen Gesellschaft ist alt. Vielleicht ähneln kleine Jägergesellschaften noch am meisten diesem Bild, auch wenn die heutigen Beschreibungen eher Ausdruck von Sehnsucht als von Faktenwissen zu sein scheinen. Selbst wenn das Bild einigermaßen stimmen würde, es kann kein Vorbild für das Leben in der Moderne oder Postmoderne sein.

Alle europäischen Visionen des guten und gerechten Lebens sind bis heute inspiriert von der biblischen Vision des Reiches Gottes, das durch die beiden zentralen Begriffe der Gerechtigkeit und der Liebe konkretisiert wird.[107] Im Alten Testament liegt die Betonung auf *Gerechtigkeit*, die sich in *Gesetzen* ausdrückt, die für alle gelten. Darin drückt sich vor allem die Vision der *Gleichheit* aller vor Gott aus, unabhängig vom sozialen Stand. Im Neuen Testament wird Gerechtigkeit, griech. *diaikosyne,* als Ausdruck von Liebe, *agape*, interpretiert. Die Liebe steht im Vordergrund, sie drückt die Anerkennung des Wertes der *einzelnen* Person aus und will und soll die konkreten Bedingungen und Umstände berücksichtigen. Auch diese Auffassung der Liebe beruht auf der revolutionären These, dass vor Gott alle Menschen gleich sind, auch die Sklaven, Außenseiter und Fremden. Die Betonung der Gerechtigkeit kann vor einer sentimentalen und individualistischen Interpretation von Liebe schützen, und die Betonung der Liebe vor einer Gerechtigkeit, die die Unterschiede zwischen Menschen ignoriert.

Liebe im Sinne der Agape ist weit mehr als Zuneigung und Wohlwollen für einzelne und Gruppen, auch wenn sie diese Einstellungen einschließt. Sie transzendiert die endlichen Möglichkeiten des Menschen, denn sie gilt als Wunsch nach Vereinigung mit dem Getrennten, mit Gott als der Tiefendimension des Lebens. Und aus dieser überpersönlichen Verbundenheit mit Gott als dem Schöpfer aller Dinge und Menschen erwächst dann die allgemeine und konkrete Nächstenliebe. Diese Argumentationsfigur ähnelt sehr der buddhistischen Interpretation relativer und tiefer Verbundenheit, als Grundlage einer freundlichen und mitfühlenden Einstellung und eines entsprechenden Verhaltens gegenüber allen Menschen und allen Wesen. Liebe, die in einer überpersönlichen Verbundenheit wurzelt, steigert die Zuversicht, Gerechtigkeit schaffen zu können, über das konkret Planbare und Erreichbare hinaus. In diesem Sinne wird Gerechtigkeit zwar als Aufgabe der Menschen, aber nie als ausschließlich deren Werk angesehen, sondern sie liegt letztlich in der Hand Gottes, der richtet und errettet.

Das Symbol Gott steht in diesem Kontext für die tiefe Einsicht, dass zu einem gerechten und liebevollen Leben mehr Bedingungen gehören, als der menschliche Verstand fassen kann. Möglicherweise könnte die Erweiterung der modernen Vision der Gerechtigkeit um die Dimension des Unfassbaren und Unkontrollierbaren den Druck reduzieren, der auf Einzelnen und auf Institutionen lastet, wenn sie Gerechtigkeit anstreben. Genau das betont die buddhistische Tradition, wenn sie von den Drei Daseinsmerkmalen spricht: Leiden, Unbeständigkeit und Unkontrollierbarkeit (wörtlich Nicht-Ich), auf Pali *dukkha, anicca, anatta.* Ich ziehe »Unkontrollierbarkeit« als Übersetzung von *anatta* vor, denn es geht dabei nicht um die Leugnung oder Abwertung eines auch für buddhistische Übende notwendigen stabilen Ich-Gefühls. Es geht vielmehr um eine kraftvolle Methode, die uns hilft, die völlige Identifikation mit Körperempfindungen und Gefühlen, Stimmungen und Gedanken, Mustern oder Bewusstsein zu lockern und zu verstehen, dass es keine Instanz in uns oder in der Welt gibt, die das Leben im Griff hat oder haben müsste.

Die Erweiterung der Vision der Gerechtigkeit um die Dimension des Unfassbaren und Unkontrollierbaren kann den Druck reduzieren, der auf Einzelnen und auf Institutionen lastet, wenn sie möglichst umfassende Gerechtigkeit anstreben.

Die Goldene Regel im Alten und im Neuen Testament

Ich möchte jetzt noch einige Überlegungen zu den Begriffen Gerechtigkeit und Liebe zunächst im Alten und dann im Neuen Testament vorstellen. Immer wieder treten im Alten Testament Propheten auf, die die Herrscher wegen ihrer Ungerechtigkeit kritisieren, und sie sprechen im Namen eines Gottes, der sich von den Göttern der Region unterscheidet. Der Gott der Propheten,

JHWH, bleibt weder abgehoben an einem fernen Ort und schaut dem Treiben der Menschen mit göttlichem Gleichmut zu noch unterstützt er egozentrische Belange einzelner Sippen und Gruppen um mehr Macht in der Region. Der Gott der Thora ist ein *geschichtlicher* Gott, er greift ein in die Geschichte, schließt einen Bund mit dem jüdischen Volk und will es mit Hilfe von *Gesetzen* zur *Gerechtigkeit* erziehen.

Das Symbol für die Vision einer gerechten Gesellschaft ist das *Reich Gottes,* das zwar nie identisch ist und wird mit einem irdischen Reich in Zeit und Raum, das aber als Maßstab für die Annäherung an eine gerechte Gesellschaft dienen kann. Wenn das einem Volk gelingt, könnte das ein Vorbild für alle Völker sein. Das ist zumindest eine Interpretation des Ringens des jüdischen Volkes um Gerechtigkeit auf Erden.

Was bedeutet *Gerechtigkeit* im Alten Testament? Es ist ein Leben nach den Prinzipien der *Goldenen Regel,* in dem alle etwas Sinnvolles für sich und andere tun können, das ihre Beziehung zu Gott stärkt und sie auch ernährt. Von den Zehn Geboten beziehen sich die ersten drei auf die Beziehung zu Gott, das vierte auf die Eltern und die restlichen fünf auf ein ethisches Verhalten zu den Nächsten. Die Zehn Gebote gelten für das ganze *jüdische* Volk, das sich aus unterschiedlichen Sippen zusammensetzt, womit eine Ausweitung des Blicks auf Sippenfremde gefordert ist.

Im Christentum werden diese Gebote dann auf *alle* Menschen erweitert, ein Ideal, das nur wenige tatsächlich leben können, das aber seit zweitausend Jahren Menschen zu einem offenen Herzen auch für die Fremden inspiriert, ja sie sogar auffordert, in jedem Menschen, der uns begegnet, Jesus Christus zu erkennen. Die christlich interpretierte Vision des Reiches Gottes als universelles Friedensreich aller Menschen, in dem auch die ganze Natur erlöst wird, steht auch hinter der Formulierung der Menschenrechte im zwanzigsten Jahrhundert und hinter jeder säkularen Vision einer gerechten Gesellschaft.

Im Wissen darum, dass Gerechtigkeit nur eine Seite des Lebens ist, wurde diesem Begriff schon im Alten Testament die Liebe zur Seite gestellt. Während die Vision der *Gerechtigkeit* an der Gleichheit der Menschen anknüpft und sich für eine relative Angleichung der Lebensverhältnisse einsetzt, betont das Prinzip der *Liebe* die Einzigartigkeit jedes Menschen und steht für die Berücksichtigung der *individuellen* Lage. Das Wissen um das Dilemma von Gleichheit und Verschiedenheit ist ein altes Kulturgut, und die beiden Säulen eines guten Lebens sind auch in dieser Tradition *Gerechtigkeit* und *Liebe*. Dabei geht es erstens um Liebe im Sinne von *agape*, der Freundlichkeit von oben nach unten, die der Liebe Gottes zu den Menschen entspricht, und auch, in Analogie dazu, um Liebe von Menschen, denen es gut geht, zu Menschen, denen es nicht so gut geht. Der zweite Aspekt der Liebe ist die *philia*, die Freundschaft auf Augenhöhe, die in jedem Menschen den Nächsten erkennt, den wir lieben sollen wie uns selbst. Der dritte Aspekt der Liebe ist *eros*, die sinnliche, aber auch schöpferische Liebe, die uns ganz konkret zum Einswerden mit einer geliebten Person, mit Gott oder einem Tun inspiriert. Sie steht in allen mystischen Traditionen im Vordergrund.

Die Beschreibung der drei Dimensionen von Liebe macht deutlich, dass kein Aspekt isoliert wirkt, sondern jede Dimension dann kraftvoll blüht, wenn die anderen beiden im Hintergrund mitschwingen. Ganz ähnlich lauten auch die Erklärungen zu den buddhistischen vier himmlischen Haltungen, die nur im Vierertakt ihre Kraft entfalten können. Ich werde sie im nächsten Unterkapitel vorstellen.

In diesem Kontext wird auch klar, dass jede Form der Askese nur dann fruchtbar wird, wenn sie aus Liebe zu sich, zu anderen und zum Unfassbaren geschieht und nicht aus Abwehr des eigenen Körpers, der eigenen Gefühle, der anderen, der Welt und ihrer Wunder. Bedingungslose Liebe – mit ihren drei Facetten – zu allen ist ein hohes Ideal, das uns sehr inspirieren kann, wenn wir es nicht als Vorschrift, sondern als Möglichkeit sehen, die auch uns offensteht, wenn wir diese Sicht *bejahen* und sie in der steten Auseinandersetzung mit egozentrischen Motiven geduldig und beständig *einüben*.

Ich komme noch einmal auf meine These zurück, dass Liebe und Gerechtigkeit zusammengehören, denn die Gesetze der eher *abstrakt* konzipierten Gerechtigkeit schützen vor sentimentaler Liebe und vor der Identifikation mit denen, die leiden. Umgekehrt hört Liebe auf die konkrete Situation und schützt vor blinder und unangemessener Gleichbehandlung von Menschen, die Unterschiedliches brauchen. Im zweiten Kapitel werde ich die buddhistische Vision der mitfühlenden, freudvollen und gelassenen Liebe unter dem Stichwort Mitgefühl ausführlich erläutern.

Liebe und Gerechtigkeit gehören zusammen. Die Gesetze der eher abstrakt konzipierten Gerechtigkeit schützen vor sentimentaler Liebe und vor der Identifikation mit denen, die leiden. Umgekehrt hört die Liebe auf die konkrete Situation und schützt vor blinder und unangemessener Gleichbehandlung von Menschen, die Unterschiedliches brauchen.

Die zwei Gesichter der Utopie

Wenn Menschen über Gerechtigkeit nachdenken, orientieren sie sich an einer Vision einer gerechten Gesellschaft, und das zentrale Symbol der europäischen Kultur ist das Reich Gottes der Liebe und Gerechtigkeit. Der protestantische Theologe Paul Tillich unterscheidet hier zwischen *Utopismus* und dem *Geist der Utopie*, eine Unterscheidung, die dazu beiträgt, gescheiterte Versuche zur Schaffung des Paradieses auf Erden zu verstehen.[108] In aller Kürze: Der *Geist der Utopie* wurzelt in der *vertikalen* oder unfassbaren Dimension oder, in anderen Worten, er weiß um die Grenzen des Verstandes und der menschlichen Möglichkeiten. *Utopismus* hingegen verwechselt die Dimensionen und hält die Vision des Reiches Gottes für eine *konkrete* Handlungsanleitung zur Schaffung des Paradieses auf Erden. Auf Utopismus folgt daher immer eine metaphysische Enttäuschung. Man könnte auch sagen, die geschichtliche Dimension verschluckt sich an der übergeschichtlichen Vision des Reiches Gottes. Wenn man den Unterschied zwischen einer inspirierenden *Vision* nicht von den *konkreten* Schritten unterscheiden kann, die begrenzte Menschen mit einem begrenzten Verstand machen können, ist man immer enttäuscht, weil überzogene Erwartungen und konkrete Erfahrungen immer auseinanderklaffen. Der ausdrucksstarke Begriff Ent-*täuschung* erinnert uns daran, dass wir nur dann *ent*-täuscht werden können, wenn wir uns *ge*-täuscht haben.

Utopismus malt nicht nur das Märchenbild einer heilen Welt, sondern auch ein unrealistisches Bild vom Menschen. Das Menschenbild des Utopismus ignoriert die Widersprüchlichkeit der Menschen, ihre vielen unbewussten Ansichten und Einstellungen, reaktiven Emotionen, Ängste und Unsicherheiten und ihre eingeschliffenen Gewohnheiten. Menschen sind und bleiben Menschen, sie sind und bleiben begrenzt, aber sie können ihr Herz öffnen und ihren Geist klären, allerdings nur, wenn sie das auch *wollen* und das mit Geduld und Ausdauer, mit Interesse und in guter Begleitung *üben*, und zwar ein Leben lang. Und selbst dann gibt es keine Garantien dafür, dass dieser Selbsterziehungsprozess den Erfolg hat, den man anstrebt.

Mit dem Geist der Utopie begreifen wir, dass jeder Einsatz für eine bessere Welt ein Wagnis ist und Zuversicht, Mut und Geduld braucht sowie das tiefe Wissen, dass wir immer nur unser Bestes versuchen und immer auch scheitern können.

Die buddhistische Sicht von einer besseren Welt

Bodhisattvas und die Drei Daseinsmerkmale

Mit demselben Geist der Utopie, wie ihn Tillich beschreibt, mit Zuversicht und Bescheidenheit setzen sich die Bodhisattvas des Mahayana für eine bessere Welt ein. Bodhisattvas – von Skrt. *bodhi*, Erwachen, und Skrt. *sattva*, Wesen – wollen zum Wohle aller erwachen, im Wissen darum, dass Leiden und Veränderungen zum Leben dazugehören und dass das Leben zu komplex ist, um es völlig kontrollieren zu können. Das nennt der Buddha die Drei Daseinsmerkmale: Leiden, Unbeständigkeit und Unkontrollierbarkeit des Lebens. Sie sind die drei Kennzeichen aller menschlichen Erfahrungen. Diese Einsicht kann man nur aushalten ohne zu verzweifeln, wenn man die Zuversicht entdeckt, dass Nirvana, ein Leben mit Herzensfrieden, möglich ist. Ich komme am Schluss des dritten Kapitels noch einmal auf den Weg der Bodhisattvas zurück.

Herzensfrieden entsteht, wenn wir die Drei Daseinsmerkmale erkennen und bejahen und nicht mehr dagegen ankämpfen. Mit anderen Worten: Wenn wir die Unbeständigkeit und Unkontrollierbarkeit des Lebens erkennen und bejahen, leben wir im Frieden des Nirvana. Und wenn wir sie ablehnen und dagegen ankämpfen, leben wir im Kreislauf der sich ständig wiederholenden Probleme, im Kreislauf des Samsara. Es braucht allerdings viel Weisheit, um genau zu erkennen, welche Veränderungen es anzunehmen gilt, was man zum Besseren verändern kann und muss, und welche Bedingungen man nicht kontrollieren kann. Diese Unterscheidung immer wieder zu treffen, ohne über das Ausmaß unseres Nichtwissens zu verzweifeln, ist der Inhalt des buddhistischen Übungswegs und aus meiner Sicht auch der Weg zum Erwachsenwerden.

Der *Geist* der Utopie ist und bleibt inspiriert und gibt nicht auf. *Utopismus* dagegen führt zu metaphysischer Enttäuschung und manifestiert sich als Depression und Verzweiflung oder als Ohnmacht, die dann umschlägt in Wut und Aggression. Werden unsere Erwartungen enttäuscht, suchen wir nach Schuldigen und verfallen in Freund-Feind-Denken, in Verschwörungstheorien, Gewalt und Terror. Als ein palästinensischer Scheich gefragt wurde, woher all die viele Selbstmordattentäter kommen, meinte er traurig: »Es gibt viele traurige junge Männer ohne Perspektiven.« Wer Empörung und kriminelles Handeln, Gewalt und Terror mit Schuldzuweisungen rechtfertigt, verstärkt nur das eigene Ohnmachtsgefühl, und das nährt die Gewaltbereitschaft.

Der Buddhismus betont, dass Hass nicht durch Hass besiegt wird, sondern nur durch Liebe. Es braucht eine Liebe, die mit Gerechtigkeit einhergeht, und ein Streben nach Gerechtigkeit, das von Liebe und Verbundenheit getragen wird. Wie man diese Liebe und Verbundenheit entdecken und fördern kann, davon handeln die nächsten beiden Abschnitte. Zum Abschluss meiner eher politisch-philosophischen Überlegungen möchte ich kurz eine frühe Annäherung an die Menschenrechte aus der Zeit des Buddha vorstellen.

Der Geist der Utopie ist voller Zuversicht und gibt nicht auf. Utopismus führt zu metaphysischer, politischer und menschlicher Enttäuschung und manifestiert sich als Depression und Verzweiflung oder als Ohnmacht, die dann umschlägt in Wut und Aggression.

Wenn wir die Unbeständigkeit und Unkontrollierbarkeit des Lebens erkennen und bejahen, leben wir im Frieden des Nirvana. Wenn wir sie ablehnen und dagegen ankämpfen, leben wir im Kreislauf der sich ständig wiederholenden Probleme, im Kreislauf des Samsara.

Die Welt als Spiegel und die Menschenrechte aus buddhistischer Sicht

Meist sind wir überzeugt, dass die Welt so ist, wie wir sie sehen. Der Buddhismus geht davon aus, dass es keine objektive Wirklichkeit gibt, die wir im Außen entdecken können. Es gibt die Welt, und sie ist nicht unser Fantasieprodukt oder eine bloße Vorstellung, aber wie wir sie wahrnehmen, hängt in hohem Maße von unserer Verfassung ab. In diesem und nur in diesem Sinne gilt die Welt als ein »Spiegel unserer Seele«. Je mehr das eigene Handeln von Gier, Hass und Wahn bestimmt wird, desto düsterer sieht die Welt aus.

Allerdings reicht es nicht, sich eine rosarote Brille aufzusetzen und so zu tun, als gäbe es keine Probleme. Das Leben auf dieser Erde wird nie vollkommen sein, solange die Menschen verwirrt, wütend und gierig sind. Die Aufgabe der Menschen besteht dem Buddhismus zufolge darin, das Ausmaß an Gier, Hass und Wahn in sich zu erkennen, durch geeignete Übungen abzubauen und andere Menschen in diesem Prozess wirksam zu unterstützen. Das wirkt sich dem Buddha zufolge dann auch heilsam auf die politischen und sozialen Strukturen aus.

Auch demokratische Gesellschaftsmodelle gehen davon aus, dass keiner mit seiner Ansicht objektiv Recht hat, sondern alle Beteiligten vor allem ihre Partikularinteressen und damit eine eingeschränkte Sichtweise vertreten. Demokratie funktioniert, wenn Menschen das verstehen und sich mit klar erkannten und offen formulierten unterschiedlichen Interessen gemeinsam bemühen, das Beste für einen immer größeren Teil von Menschen zu erreichen. Demokratisches Verhalten setzt voraus, dass wir begreifen, dass es keinen objektiv richtigen Weg gibt, sondern nur Annäherungen an das situativ Beste für die jeweils direkt und indirekt Beteiligten. Solange ich glaube, dass nur ich den rechten Weg kenne, werde ich versuchen, die anderen zu meinem Weg zu verführen oder zu überreden, zu bestechen oder zu zwingen. Die logische Konsequenz von Rechthaberei ist Krieg, die physische Vernichtung derer, die anderer Meinung sind, und der Raub oder die Zerstörung ihres materiellen Besitzes. Wenn ich an eine objektive Wahrheit glaube, in deren Besitz ich mich wähne, werde ich demokratische Mechanismen wie Abstimmungen, Mehrheitsentscheide und Wahlen zu meinem Vorteil ausnutzen.

Wir leben in Europa zwar in demokratischen Gesellschaften, aber auch Menschen aus dem europäischen Kulturkreis fällt die Einsicht, dass alles mehrere Seiten hat, immer noch schwer. Tief verwurzelt ist der Glaube an den *einen wahren* Weg, der für alle gleichermaßen gilt, ob er sich als weißes Kolonialherrentum, katholischer oder protestantischer Fundamentalismus, westliche Demokratie oder freier Welthandel zeigt. Auch scheinbar moderne europäische Menschen sind geprägt von den drei Strömungen, die das

Abendland prägen: Als Erben Roms wollen wir *ein Reich*, als Erben Griechenlands klammern wir uns an die *eine Logik*, nach der sich Gegensätze ausschließen, und als Kinder des *einen Gottes* glauben wir an die *eine Ursache* von allem.[109]

Demokratische Gesellschaften beziehen sich seit 1948 auf die Erklärung der Menschenrechte, in der es heißt, dass alle Menschen gleich sind. Wie schon erwähnt, hat es eine Weile gedauert, bis die in der Französischen Revolution formulierten allgemeinen Menschenrechte nicht nur für besitzende Männer bestimmter Stände galten, sondern auch für besitzlose Männer und auch für Frauen. Weil sie an die Gleichheit aller Menschen glauben, fordern und fördern demokratische Bewegungen mit Recht gute Bedingungen auf allen Ebenen, damit sich das natürliche Potential der Menschen entfalten kann. Das Christentum drückt die Gleichheit aller Menschen in dem Bild aus, dass alle Menschen Kinder Gottes sind. Der Buddhismus geht noch einige Schritte weiter und sagt: Alle Menschen, ja sogar alle Lebewesen sind in mehrerer Hinsicht gleich: Sie *wollen* alle Glück erleben und kein Leid, und das ist ihr gutes Recht. Und sie *sind* zwar nicht alle erleuchtet, aber alle gleichermaßen erleuchtungs*fäh*ig. Sie können aufwachen aus dem Schlaf der Unwissenheit und Buddhas werden. Diese grundsätzliche Fähigkeit gilt als der gute Kern in allen Menschen, Tieren und allen weiteren Lebewesen.

Vernunft und Erwachen

Alle Menschen besitzen Vernunft und alle können erwachen. Wenn man diese These ernst nimmt, hat sie eine große Auswirkung. Auch wenn wir selbst wie alle Menschen Schwächen haben und immer wieder unklug oder sogar grausam handeln und andere verletzen, geben wir uns und andere deshalb nicht auf. Wir versuchen zu verstehen, welche inneren und äußeren Bedingungen uns und andere beeinflussen. Wir begreifen, dass alle letztlich ihr Bestes geben, in jeder Situation, auch wenn das manchmal sehr ungeschickt und schädlich sein mag und nicht unseren Vorstellungen von angemessenem Vorgehen entspricht. Wir unterstellen allen das Beste, aus der Sicht heraus, dass sie tatsächlich ihr Bestes geben, im Kontext ihrer derzeitigen begrenzten Möglichkeiten.

Wenn wir unsere eigenen Strukturen, unsere Stärken und Schwächen kennen, verstehen wir auch andere besser, schätzen ihre Stärken und haben Verständnis für ihre Schwächen. Ohne eine grundsätzliche Wertschätzung für die Qualitäten in allen Menschen bleiben demokratische Vorgehensweisen eine formelle Pflichtübung. Dann geht es nur um Macht und Einfluss, Geld und Status, und wir sprechen bewusst und unbewusst in anderen die gleichen Strukturen an. Wir fördern damit direkt und indirekt Gier, Hass und Wahn in unseren Mitmenschen, auch in denen, für die wir Politik machen und mit denen wir politisch zusammenarbeiten. Das heißt, wir sprechen durch unser politisches Handeln die Schwächen der Menschen an, statt ihr Verantwortungsbewusstsein, ihre Intelligenz und Einsatzbereitschaft zu stärken.

Wenn wir unsere eigenen Strukturen, unsere Stärken und Schwächen kennen, verstehen wir auch andere besser, schätzen ihre Stärken und haben Verständnis für ihre Schwächen. Ohne eine grundsätzliche Wertschätzung für die Qualitäten in allen Menschen bleiben demokratische Vorgehensweisen eine formelle Pflichtübung.

Es reicht nun allerdings nicht aus, die Ansichten von anderen zu verstehen und wertzuschätzen. Es gab zu allen Zeiten und gibt auch heute viele gute Gedanken und hehre Ziele auf dieser Welt, und dennoch ist sie für viele zuzeiten ein rechtes Jammertal. Es braucht wirksame Methoden, mit deren Hilfe wir die eigenen Ansichten und Meinungen, emotionalen Muster und Verhaltenswesen genau kennenlernen können. Dadurch begreifen wir mit der Zeit, vor welchem Hintergrund wir selbst und die anderen argumentieren und handeln. Ohne eine Praxis des ethischen Verhaltens und der praktischen und meditativen Überprüfung von Gedanken, Worten und Werken bleiben unserer Vorstellungen vom Wahren, Guten und Schönen lediglich hübsche Ideen, mit denen wir uns selbst, politische Programme und öffentliche Gebäude schmücken. Beim nächsten Konflikt siegt dann wieder die Steinzeit, es herrscht das Recht des Stärkeren, und Recht hat, wer das Spiel gewinnt.

Die buddhistischen Traditionen bieten eine Fülle von ethischen Regeln und meditativen und kontemplativen Techniken, die auch westlich orientierten Menschen helfen können, sich selbst und andere besser zu erkennen. Ob Menschen das im Rahmen einer altehrwürdigen oder einer experimentierfreudigen modernen buddhistischen Tradition oder mehr oder weniger »im Freistil« tun wollen, bleibt den Einzelnen überlassen, denn wir können nur das üben, was zu uns und unseren kulturellen Prägungen passt.

Neun Ratschläge des Buddha an einen König (ca. 500 v. Chr.)

Seit den 1970er-Jahren hat die Begegnung mit buddhistischen Lehren und Übungen die christlichen Kirchen dazu angeregt, ihre eigenen meditativen Traditionen wiederzubeleben. Die Betonung der *Einsicht* vor dem Rechthaben und die *Relativierung* von Vorstellungen und Konzepten gibt Buddhistinnen und Buddhisten in aller Welt, zumindest im Prinzip, die Chance, Brücken zwischen den Religionen und unterschiedlichen gesellschaftlichen und kulturellen Gruppen zu schlagen. Wenn sie aus ihrem abendländischen Erbe lernen und ihre Neigung zu Rechthaberei überwinden, könnte das *eine* Funktion buddhistischer Übender auch im Westen werden. So formulierte es ein Vertreter der Bundeszentrale für Politische Bildung auf der Tagung »Dialog der Kulturen« im Herbst 1997 in Berlin, eröffnet vom damaligen Bundespräsidenten Roman Herzog. Damals stellte der Abt des Buddhistischen Hauses in Berlin-Frohnau, der Ehrwürdige Devananada Thera, die folgenden Ratschläge des Buddha an einen König vor, die dann in einer Arbeitsgruppe, an der ich teilnahm, gründlich und wertschätzend diskutiert wurden.

Die folgenden Vorschläge sind rund 2500 Jahre alt. Sie können auch heute noch zum Nachdenken anregen und zum politischen Handeln inspirieren, denn auch in demokratischen Staaten sind nicht alle diese guten Vorschläge Alltagsrealität. Ich erlaube mir, in Anschluss an die klassische Fassung[110] noch eine aktualisierte Fassung für unsere Zeit zu formulieren.

Klassische Fassung

1. Die Religion soll praktiziert werden.
2. Der König soll seine Untertanen so liebevoll lenken wie ein Vater seine Kinder.
3. Soldaten sollen die fünf ethischen Richtlinien (Pali: *sila*) einhalten, das heißt, sie sollen verantwortungsbewusst handeln. (Die fünf ethischen Richtlinien für Laienanhänger des Buddha lauten: Ich bemühe mich, nicht zu töten; nichts zu nehmen, was mir nicht gegeben wurde; nicht zu lügen; unheilsame Sexualität

zu vermeiden und mich nicht mit Alkohol und Drogen zu berauschen.)

4. Der König soll für alle Untertanen gleich gut sorgen. Alle Menschen sind gleichwertig. Es spielt keine Rolle, ob sie vom Land oder aus der Stadt sind, welcher gesellschaftlichen Kaste sie angehören oder welche Arbeit sie ausführen.
5. Der König soll für den Unterhalt der Mönche und Nonnen sorgen, damit die geistigen Werte erhalten bleiben.
6. Alle Lebewesen haben das Recht, in Freiheit zu leben. Das bezieht sich auch auf Tiere, die ja auch Lebewesen sind. Sie dürfen nicht eingesperrt oder misshandelt werden.
7. Der König soll die Streitigkeiten der Menschen untereinander schlichten.
8. Der König muss dafür sorgen, dass alle Menschen Nahrung, Kleidung, Wohnung und ärztliche Versorgung erhalten.
9. Der König soll den Rat weiser Menschen einholen.

Aktualisierte Fassung

1. Die Goldene Regel soll unterrichtet und praktiziert werden.
2. Der Staat soll für alle Bürgerinnen und Bürger sorgen und ihnen durch institutionelle Wohlfahrt ein menschenwürdiges Leben ermöglichen.
3. Politiker, Beamte, Soldaten usw. sollen sich an die Goldene Regel bzw. an die fünf ethischen Richtlinien (Pali: *sila*) halten, das heißt, sie sollen verantwortungsbewusst handeln. (Die fünf ethischen Richtlinien für Laienanhänger des Buddha lauten: Ich bemühe mich, nicht zu töten; nichts zu nehmen, was mir nicht gegeben wurde; nicht zu lügen; unheilsame Sexualität zu vermeiden und mich nicht mit Alkohol und Drogen zu berauschen.)
4. Der Staat soll für einigermaßen gleichwertige Lebensbedingungen sorgen. Alle Menschen sind gleichwertig. Es spielt keine Rolle, ob sie vom Land oder aus der Stadt sind, welcher gesellschaftlichen Schicht sie angehören, wie ihr Geschlecht oder ihre Nationalität, Hautfarbe, Religion oder sexuelle Orientierung ist oder welche Arbeit sie ausführen.
5. Der Staat soll allen Bürgerinnen und Bürgern ein Grundeinkommen geben, damit alle Menschen sich ohne wirtschaftlichen Druck nicht nur in einem bestimmten Beruf, sondern auch in

der Zivilgesellschaft für das Allgemeinwohl einsetzen können, vor allem im Bereich des Heilens und Pflegens und für soziale, pädagogische, kulturelle und geistige Anliegen.

6. Alle Lebewesen haben das Recht, in Freiheit zu leben. Das bezieht sich auch auf Tiere, die ja auch Lebewesen sind. Sie dürfen nicht eingesperrt oder misshandelt werden. Das beinhaltet u.a. ein Verbot der Massentierhaltung.
7. Das Rechtssystem soll nicht primär das Rechthaben fördern, sondern dazu beitragen, Streitigkeiten der Menschen untereinander zu schlichten.
8. Der Staat soll die Bedingungen dafür schaffen, dass die Menschen ihren Lebensunterhalt auf würdige Art und Weise verdienen können, und wo das nicht möglich ist, über ein System der residuellen und institutionellen Wohlfahrt dafür sorgen, dass auch Menschen mit keinem oder wenig Einkommen Zugang zu Nahrung, Kleidung, Wohnung und ärztlicher Versorgung erhalten.
9. Alle, die Verantwortung im Staat übernommen haben, sollen nicht nur den Rat von Expertinnen und Experten, sondern auch von weisen Menschen einholen.

2. Mitgefühl

Mögen alle Wesen glücklich sein.
Mögen alle Wesen frei sein von Leid.
Mögen alle Wesen große Freue erleben.
Mögen alle Wesen in Gleichmut ruh'n.
TIBETISCHES WUNSCHGEBET

Mitgefühl verstehen

Was ist Mitgefühl? Die buddhistische Tradition formuliert in einfachen Worten ein großes Ideal, das uns zwar Orientierung gibt, das wir aber nie erreichen können. Mitgefühl ist zunächst eine Einstellung oder Haltung, genauer gesagt ein *Wunsch*: »Mögen alle Wesen frei sein von Leid.« Und je tiefer dieser Wunsch in uns ist, desto eher sind wir auch bereit, etwas dafür zu *tun*, dass das Leiden weniger wird. Das ist dann tätiges oder *aktives* Mitgefühl. Was das in unserer Zeit bedeuten kann, davon handelt dieses Kapitel. Es kreist um drei Kernbegriffe: Welche *Wesen*? Welches *Leiden*? Und was bedeutet *Freisein* von Leiden? Und es kreist um die hoffentlich heilsamen Folgen einer mitfühlenden Haltung zu uns und anderen und zur ganzen Welt.

Es geht also nicht nur um Menschen und Tiere, sondern um *alle* Wesen, auch die, über deren Existenz wir wenig oder gar nichts wissen. Das impliziert eine Haltung der Rücksicht und Wertschätzung für die ganze Natur, die organische und anorganische, und das entspricht der christlichen Wertschätzung der ganzen Schöpfung.

Zum Mitgefühl gehört allerdings nicht nur der *Wunsch* nach Freisein vom Leiden für alle Wesen, sondern auch ein gewisses Maß an realistischer *Zuversicht*, dass das auch möglich ist. Christen nennen das Hoffnung, die in Gottvertrauen gründet. Eine der schönsten Beschreibungen von Hoffnung gibt der katholische Philosoph Josef Pieper[111], der sinngemäß sagt: Mit Hoffnung nimmt man weder das Scheitern oder die Katastrophe voraus und verzweifelt daran, noch naiv das Gelingen, sondern man tut voller Zuversicht sein Bestes und legt sein Leben in die Hand Gottes. Buddhisten sprechen eher von Vertrauen in die Fähigkeit zu erwachen, von der tiefen Zuversicht, dass alle mit Wahrnehmung begabten Wesen grundsätzlich die Fähigkeit in sich tragen, aus falschen Vorstellungen und reaktiven Emotionen, d.h. aus Verblendung, Gier und Hass, die unser aller Leben zum Schaden für sich selbst und andere vergiften, zu erwachen.

Natürliches und zusätzliches Leiden

Einige westliche Psychotherapieansätze unterscheiden zwischen Schmerz und Leid. Das entspricht der buddhistischen Unterscheidung von natürlichem und zusätzlichem Leiden. Das natürliche Leiden gehört zum Leben, und das zusätzliche entsteht durch reaktive Vorstellungen und Emotionen, mit deren Hilfe wir natürliches Leiden oder Schmerz ignorieren, ablehnen und anderen die Schuld dafür zuweisen. Eine klassische Liste des Buddha nennt acht Arten von natürlichem Leiden: Geburt, Altern, Krankheit, Sterben bzw. Tod; verlieren, was man liebt; nicht bekommen, was man will; bekommen, was man nicht will, und schließlich, nie sicher sein vor Leiden. Ich finde diese Liste auch heute noch sehr präzise und umfassend, und die Unterscheidung zwischen natürlichem und zusätzlichem Leiden reduziert mein Leiden beträchtlich.

Es leuchtet mir ein, dass der Buddha unter Befreiung vom Leiden nicht das von vielen Menschen ersehnte Schlaraffenland, ein paradiesisches oder himmlisches Dasein ohne unangenehme Gefühle versteht, sondern die Befreiung von *reaktiven Emotionen.* Durch geduldiges und langfristiges Üben von Achtsamkeit in der Meditation und im Alltag bemerken wir unser eingefahrenes und zwanghaftes Verhalten, wenn wir angenehme, unangenehme oder neutrale Gefühle erleben. Und durch geduldiges Üben lernen wir, reaktive Gedanken und Emotionen zu verringern und mit der Zeit abzubauen. Die drei Grundgefühle, die Bewertung als angenehm, unangenehm oder neutral, gehören zum Leben und wir brauchen sie wie die Luft zum Atmen, denn sie geben uns Orientierung. Sie weisen auf förderliche Bedingungen hin (angenehm), warnen vor Gefahr (unangenehm) und entlasten uns von Unwichtigem (neutral). Wir müssen sie wahrnehmen und dann genau prüfen, welches Verhalten angemessen ist. Gefühle ermöglichen uns eine schnelle Orientierung, sie reichen aber nicht aus, wenn es darum geht, das Rechte zu tun. Es geht nämlich darum, so zu handeln, dass wir weder uns noch anderen kurz-, mittel- oder langfristig schaden. Wir tun das aber ständig, solange wir im Griff der drei Geistesgifte, von Verblendung, Gier und Hass, stecken und das nicht bemerken, sondern für normal und richtig halten.

Die drei Geistesgifte: Gier, Hass und Verblendung

Der Begriff Geistesgifte umfasst ein breites Spektrum an ungültigen oder schädlichen Vorstellungen und reaktiven Emotionen. Sie werden im Buddhismus bei Bedarf genauer definiert, und dann spricht man von sechs Hauptverblendungen, fünf reaktiven Emotionen, von zwanzig Nebenverblendungen usw. Gemeinsam ist diesen Listen, dass sie stets Hinweise geben, wie man diese Geistesgifte erkennen und abbauen kann. Dazu gehört allerdings sehr viel mehr als nur ein begriffliches Verständnis, nämlich ein genaues und wiederholtes Hinschauen und Hinspüren und das Ausprobieren anderer Verhaltensweisen, d.h. die lebenslange hingebungsvolle *Übung*. Auch weil das nicht so leicht ist, stecken die meisten Menschen trotz bester Absichten im Griff dieser Geistesgifte.

Unter dem Sammelbegriff *Verblendung* werden unterschiedliche kognitive Vorstellungen und Strategien verstanden: das Ausblenden und Ignorieren von Erfahrungen und Fakten; der Glaube, unsere Vorstellungen würden die Wirklichkeit eins zu eins abbilden; das Festhalten an einseitigen Meinungen; das Ignorieren von Erfahrungen usw. Da unser Leben sehr komplex ist, sind Reduktionen lebenswichtig. Es ist allerdings wichtig, dass wir sie immer wieder bemerken und berücksichtigen.

Gier und *Hass* sind unsere Hauptstrategien im Umgang mit Erfahrungen. Im Allgemeinen halten wir an dem fest, was unser Selbstbild und unser Weltbild stützt und bestätigt, und lehnen das ab, was sie in Frage stellt. Und alles, was uns gerade weder bestätigt oder bedroht, ignorieren wir. Unwichtiges auszublenden ist zwar notwendig und vereinfacht das Leben, aber als Dauerhaltung führt es leider auch zu der häufig beklagten Langeweile des modernen Lebens. Und die verführt uns dann dazu, uns mit sinnlosen Dingen abzulenken und zu zerstreuen.

Was ist Mitgefühl?

Mit reinem Mitgefühl wünschen wir uns und allen Wesen voller Zuversicht ein Leben ohne reaktive Emotionen. Und wenn wir das aus tiefstem Herzen, mit Leib und Seele wollen, finden wir auch den Mut, die Geduld und die Ausdauer, die es braucht, um unsere Ansichten und Einstellungen, emotionalen Muster und unser Verhalten ehrlich anzuschauen, zu überprüfen und durch hingebungsvolle Übung bei Bedarf zu verändern.

Da ein klares Verständnis der vielen Dimensionen von Mitgefühl Voraussetzung für eine mitfühlende Einstellung und ein mitfühlendes Verhalten zu uns selbst und anderen ist, möchte ich zuerst zwei psychologische und zwei buddhistische *Aspekte* von Mitgefühl und danach den buddhistischen Kontext, die *vier unermesslichen Haltungen*, ausführlicher vorstellen. Es geht also vor allem um Mitgefühl im Hinblick auf *andere,* aber zunächst gehe ich kurz auf den Begriff *Selbstmitgefühl* ein.

Aus buddhistischer Sicht geht es immer um Mitgefühl für *alle* Wesen und damit auch für *uns selbst.* Doch im Kontext einer falsch oder reduziert verstandenen christlichen Tradition beziehen viele Menschen aus dem Westen Mitgefühl vor allem auf *andere.* Für mich war es ungeheuer wichtig, schon Ende der 1970er-Jahre von meinem tibetischen Lehrer Thubten Yeshe zu hören, dass es auch um Mitgefühl mit mir selbst geht. Das heilte mich, als politisch engagierte linke Feministin, zumindest ein wenig von meiner Neigung zum Helfersyndrom. Wenn heute Selbstmitgefühl besonders betont wird, scheint das auf zwei Umstände hinzuweisen: Zum einen beziehen sich viele mitfühlende Menschen aus Gewohnheit selbst nicht mit ein, wenn sie Mitgefühl üben. Und zum anderen fühlen sich offensichtlich viele Menschen sehr verunsichert und wertlos, sodass sie zunächst lernen müssen, sich selbst in ihrer Unvollkommenheit anzunehmen und wertzuschätzen. Vielleicht passt die Betonung von Selbstliebe und Selbstmitgefühl auch zu der zunehmenden Infantilisierung der Gesellschaft, als Reaktion auf eine grundsätzliche Überforderung durch den paradoxen Anspruch, immer leistungsbereit und zugleich konsumfreudig und genussfähig sein zu müssen.

Vier Aspekte von Mitgefühl

Die vier Aspekte von Mitgefühl sind: 1. Einfühlung, 2. Unterscheidung, 3. Mitgefühl im engeren Sinne, und 4. Wohlwollen oder Freundlichkeit. Die ersten beiden Aspekte stammen aus der westlichen Psychotherapie, die sehr differenziert Einfühlung (heute auch häufig mit dem Schlagwort Empathie bezeichnet) beschreibt und vor Identifikation oder Konfluenz warnt.[112] Die letzteren beiden Aspekte stammen aus der buddhistischen Tradition.

Einfühlung: Wir können nur dann mitfühlend handeln, wenn wir uns in das Leid von anderen einfühlen. Und das ist uns nur dann möglich, wenn wir unser eigenes Leid spüren. Einfühlung aufgrund eigener Erfahrungen ist die Voraussetzung für den Erfolg vieler Selbsthilfegruppen. Man trifft sich mit Menschen, die Ähnliches erlebt haben und daher besser verstehen, worunter man leidet.

Unterscheidung: Einfühlung ohne Unterscheidung führt aber nicht zu Mitgefühl, sondern zu Identifikation mit dem Leid der anderen, und das ist nicht hilfreich, denn dann leiden beide. Und unter dem Druck von Leid wird unser Horizont eher enger, und dann finden wir kaum Wege aus dem Leid heraus. Wenn wir unsere alten Wunden kennen und einigermaßen verarbeitet haben, sind wir eher fähig zu Mitgefühl.

Mitgefühl im engeren Sinn: Wir wünschen uns von Herzen, dass die Person, die leidet, frei wird von ihrem Leiden. Dazu gehört, wie bereits betont, ein gewisses Maß an Zuversicht, dass das auch möglich ist. Die buddhistische Unterscheidung von natürlichem und zusätzlichem Leiden zeigt einen Weg, wie man auch dann Leiden verringern kann, wenn es gerade nicht möglich ist, eine bestimmte Krankheit zu heilen oder schädliche Beziehungen oder Lebensumstände schnell zu verändern. Sobald wir auch nur ein wenig in der Lage sind, z.B. unsere Abwehr gegenüber dem Leiden zu verringern, leiden wir subjektiv und damit auch objektiv weniger. Als wesentliche Faktoren, die zu Zuversicht und Heilung beitragen, gelten in der westlichen Medizin und Psychologie unsere Ressourcen. Und die zentralen Ressourcen sind: Freude, Beziehungen und Sinn. Alle drei werden auch in den buddhistischen Lehren zum achtfachen Pfad und zu den vier unermesslichen Haltungen erwähnt. Denn dass sie dazu beitragen, Leiden leichter zu verarbeiten, liegt auf der Hand.

Damit sind wir beim vierten Aspekt, *Wohlwollen* oder *Freundlichkeit*: Die buddhistische Tradition lehrt Mitgefühl immer zusammen mit Freundlichkeit oder Wohlwollen. Es ist aber wichtig, zunächst das Leiden einer Person oder Gruppe zur Kenntnis zu nehmen. Menschen brauchen den Raum, ihre Schmerzen zu spüren und auszudrücken. Das braucht Zeit und oft eine Begleitung, deren Zuversicht deutlich zu spüren ist. Leiden einfühlsam zu spüren, reicht aber nicht aus, denn solange wir uns nur auf das Leiden konzentrieren, besteht die Gefahr, sich mit dem Leiden zu identifizieren und daraus eine neue Identität als hilfloses Opfer zu bauen. Und Ohnmacht schlägt schnell um in Wut. Darauf komme ich unter dem Stichwort »nahe und ferne Feinde« des Mitgefühls gleich nochmals zurück.

Mitgefühl im Vierer-Takt

Mitgefühl wird im Buddhismus zusammen mit drei weiteren Einstellungen oder Haltungen gelehrt: *Wohlwollen* bzw. Freundlichkeit, *Freude* bzw. Mitfreude und *Gleichmut* bzw. heitere Gelassenheit. Die Tradition nennt sie die vier *unermesslichen* (Skrt. *apramana*, unermesslich) oder die vier *himmlischen* Haltungen (Skrt. *brahmavihara,* von *brahma*, der mitfühlende indische Schöpfergott, und *vihara*, Wohnort, Stätte). Dieses kraftvolle Bild der vier Haltungen als Ruhestatt der Götter inspirierte mich zur Übersetzung »himmlische« Haltungen, den ich dem etwas sperrigen Begriff »göttliche Verweilungen« vorziehe.

Meine kurze These lautet: Jede dieser vier himmlischen Haltungen kann nur dann entstehen, wenn die anderen drei im Hintergrund mitschwingen. Manchmal wird gesagt, dass Liebe in Hass umschlage und Mitgefühl in Grausamkeit. Das halte ich für falsch, denn nach meinem Verständnis haben die vier Haltungen kein Gegenteil, sondern sie sind per se heilsam. Wenn wir uns allerdings nur um eine und nicht auch um die anderen drei bemühen, landen wir vermutlich nur bei ihren »nahen Feinden«, und die schlagen dann bei Enttäuschungen schnell um in die »fernen Feinde«. Die nahen Feinde heißen so, weil wir sie leicht mit der angestrebten Haltung verwechseln, z.B. halten wir Anhaftung leicht für Liebe. Die fernen Feinde heißen so, weil wir sie leichter erkennen, denn wohl niemand hält Hass für Liebe.

Da es bei der Einübung von Mitgefühl also immer um alle vier Haltungen – *Wohlwollen, Mitgefühl, Freude* und *Gleichmut* – geht, stelle ich sie zuerst kurz mit ihren »nahen« und »fernen Feinden« vor, und zwar in der traditionellen Reihenfolge. Dann gehe ausführlicher auf jede der drei weiteren Haltungen ein. Ich beginne mit Gleichmut, der als Grundlage für alle vier Haltungen gilt. Und zum Schluss spreche ich über die kleinen und großen Freuden, nach denen wir uns alle so sehr sehnen.

Eine kleine Faustregel empfiehlt Folgendes als Orientierung: Wenn es gut läuft, üben wir Wohlwollen bzw. Freundlichkeit und Freude, und wenn es schlecht läuft, Mitgefühl und Gleichmut. Wenn wir Leute mögen, fällt es uns leicht, ihnen Gutes zu wünschen. Genauso leicht fällt es uns vermutlich, uns mit den Menschen, die wir mögen, zu freuen, wenn es ihnen gut geht oder sie Erfolg haben. Mögen wir sie allerdings nicht oder sind sie uns fremd, fällt uns das Mitfreuen schwerer. Wenn wir dann auf ihre Schwierigkeiten und Probleme achten, fällt es uns vielleicht leichter, Mitgefühl zu entwickeln. Klappt auch das nicht, können wir Gleichmut ausprobieren, eine Haltung der mehr oder weniger heiteren Gelassenheit, die möglich wird, wenn wir wissen, dass zum Leben auch natürliches Leiden gehört, dass alles unbeständig ist und wir das Leben nie völlig in den Griff bekommen. Wir werden immer wieder etwas erleben, was wir nicht wollen, und wir sind nie sicher vor Leid, solange wir an Vorlieben und Abneigungen festhalten oder sie überbewerten.

Jede der vier himmlischen Haltungen – Wohlwollen, Mitgefühl, Freude und Gleichmut – kann nur dann entstehen, wenn die anderen drei im Hintergrund mitschwingen.

Wenn es gut läuft, üben wir Wohlwollen bzw. Freundlichkeit und Freude, und wenn es schlecht läuft, Mitgefühl und Gleichmut.

Welche Bedeutung haben nun die nahen und die fernen Feinde? Die vier himmlischen Haltungen können nicht aufblühen, wenn wir sie isoliert üben, denn wir verwechseln sie dann mit ihren *nahen Feinden*, die schnell umschlagen in die *fernen Feinde*, wenn die lieben Mitmenschen unsere Erwartungen enttäuschen oder unser Einsatz keine schnellen und spürbaren positiven Ergebnisse zeigt.[113]

Hinter *Freundlichkeit* und *Wohlwollen* – ohne Freude, Mitgefühl und Gleichmut – stecken häufig die nahen Feinde *Anhaftung* und *Idealisierung*, und diese schlagen schnell um in die fernen Feinde *Abneigung*, *Wut* oder *Hass*, wenn die idealisierte Person sich als normaler Mensch mit Schwächen entpuppt und uns nicht so bestätigt, wie wir das gerne hätten.

Hinter scheinbarem *Mitgefühl* – ohne Wohlwollen, Freude und Gleichmut – steht in der Regel der nahe Feind *Mitleid.* Wir identifizieren uns mit dem Leid der anderen und leiden mit, und das schlägt schnell um in *Enttäuschung* und sogar *Grausamkeit*, wenn die anderen nicht dankbar sind für unseren Einsatz oder gar unseren gut gemeinten Ratschlägen nicht folgen.

Hinter *Freude* und *Mitfreude* – ohne Wohlwollen, Mitgefühl und Gleichmut – verbirgt sich oft das *Strohfeuer anfänglicher Begeisterung* oder *Heuchelei*, und sie verwandeln sich schnell in *Neid* und *Eifersucht*, wenn andere das besitzen, was wir auch haben wollen, oder wenn sie die Zuneigung und Anerkennung bekommen, die wir vermissen und die nach unserer Ansicht eigentlich *uns* zusteht.

Und hinter *Gleichmut* – ohne Wohlwollen, Mitgefühl und Freude – steht meist die *Angst* vor Leiden und die baut eine Mauer der *Gleichgültigkeit*, die aber schnell umschlägt in *Unruhe* und *Sorgen*, wenn diese Schutzmauer Risse bekommt.

In den folgenden Abschnitten gehe ich auf die drei himmlischen Haltungen *Wohlwollen*, *Gleichmut* und *Freude*, die zur Einübung von Mitgefühl nötig sind, näher ein.

Wohlwollen und Freundlichkeit

Es ist nicht so einfach, alle Menschen und sogar alle Wesen mit Wohlwollen zu betrachten. Denken Sie nur an Mörder und Kriegsverbrecher oder – an Kakerlaken und Ratten. Die buddhistische Tradition empfiehlt in der bekannten Metta-Übung, diese freundliche Haltung systematisch einzuüben. Da der Pali-Begriff *metta* zur Wortgruppe Freundschaft gehört (Skrt. *mitra*, Freund, *mitrata*, Freundschaft), ziehe ich die Übersetzung Freundlichkeit oder Wohlwollen vor und vermeide vor allem den sperrigen und sprachlich falschen Begriff »liebende Güte«. Im Deutschen können nur Menschen lieben, vielleicht auch noch Tiere, aber Begriffe oder Eigenschaften wie »Güte« sicher nicht. Der Begriff »liebende Güte«, engl. *loving kindness,* ist ein sogenannter falscher Freund, der allen Übersetzerinnen und Übersetzern vertraut ist. Da es viele Texte und CDs zur Metta-Praxis gibt, möchte ich nur eine kleine Übung zur Freundlichkeit vorstellen und im Anschluss Übungen zu den weiteren himmlischen Haltungen.

Gleichmut und die Gesetze des Lebens

Weil wir Gleichmut in Krisen und Umbruchzeiten so nötig brauchen, möchte ich etwas ausführlicher darauf eingehen. Gleichmut bedeutet nicht, wie ich selbst lange Zeit dachte, den gleichen *Mut* in allen Lebenslagen zu bewahren, sondern eher eine *ausgeglichene* emotionale Haltung, auch in schweren Zeiten, und dazu passt der Begriff *Gelassenheit*. In diesem Begriff, den der deutsche Mystiker Meister Eckhart Anfang des 14. Jahrhunderts prägte, steckt das Wort »lassen«, und das ist eine gute Spur. Wir rennen nicht allen Eindrücken hinterher und halten sie fest, sondern beobachten sie und *lassen* sie *sein*, wenn sie uns nicht sinnvoll oder notwendig für kluges Handeln scheinen.

Gelassenheit entsteht, wenn wir unterscheiden lernen zwischen den Umständen und Bedingungen, auf die wir *Einfluss* haben, und denen, auf die wir *keinen Einfluss* haben. Das finden wir allerdings nur heraus, wenn wir das immer wieder ausprobieren und nicht durch Nachdenken. Zweifel kann man nicht durch Nachdenken auflösen, sondern nur durch Ausprobieren, betont auch die politische Philosophin Hannah Arendt.[114]

Für den Buddha ist Einsicht in die drei Daseinsmerkmale, also in Leiden, Unbeständigkeit und Nicht-Ich oder Unkontrollierbarkeit, die Voraussetzung für Gleichmut. Der missverständliche Begriff Nicht-Ich wird von westlichen Autorinnen und Autoren häufig falsch interpretiert, als habe der Buddha gesagt, es gäbe kein Ich. Das stimmt aber nicht. Der Buddha hat nur davor gewarnt, sich mit Erfahrungen zu identifizieren und sich nur für das zu halten, was momentan aufscheint: Körperempfindungen, Grundgefühle und reaktive Emotionen, Stimmungen, Gedanken. Sobald wir feststellen, dass wir das tun, empfiehlt der Buddha schlicht, sich klarzumachen: »Das bin ich nicht, das ist nicht mein, das ist nicht mein Selbst.« Wir sind mehr als nur unsere Erfahrungen. Wir sind auch das, was Erfahrungen beobachten, überprüfen, einschätzen, in einen größeren Zusammenhang einordnen und sie in ihrer Begrenztheit erkennen kann. Wir sind auch die unfassbare Dimension, die Erleben und Wissen ermöglicht.

Der Buddha lehrte lange vor der modernen Hirnforschung und Religionskritik, dass es keine Instanz in uns oder im Außen gibt, die Erfahrungen besitzen und kontrollieren kann. Weder eine Ich-Instanz noch ein fassbarer Gott. In heutigen Begriffen formuliert, betonte er, dass das Leben zu komplex und zu unbeständig ist, als das irgendjemand es völlig in den Griff bekommen könnte.

Ein japanischer Zen-Lehrer bringt es sinngemäß so auf den Punkt: Wer Unbeständigkeit und Unkontrollierbarkeit ablehnt oder leugnet, lebt im (zusätzlichen) Leiden des Samsara, und wer sie annimmt, lebt im Frieden des Nirvana.[115] Das sind die Lehren des Buddha in einer Nussschale. Wer das versteht und akzeptiert, entdeckt den unermesslichen Gleichmut, den es für unermessliches Mitgefühl braucht. Mit dieser Haltung können wir Herzensfrieden im Auf und Ab des Lebens bewahren und bleiben doch berührbar und offen für die Leiden und Freuden der Welt. Wir wissen, dass wir nie alle Problem lösen können und behalten doch die Zuversicht, dass wir unser Bestes tun können.

Wer Unbeständigkeit und Unkontrollierbarkeit ablehnt oder leugnet, lebt im Leid des Samsara, und wer sie annimmt, lebt im Frieden des Nirvana.

Freude und Dankbarkeit

Manche Buddhisten glauben und lehren, tiefe Einsicht (Pali: *vipassana*) bestehe darin, in jedem Augenblick die drei Daseinsmerkmale – Leiden, Unbeständigkeit und Unkontrollierbarkeit – zu erkennen. Das halte ich für falsch bzw. zumindest für missverständlich. Wenn ich bei jeder Erfahrung »weiß«, dass sie nie völlig zufriedenstellt, weil sie unbeständig und unkontrollierbar ist, führt das eher zu Verzweiflung und Ohnmacht, aber nicht zum Frieden des Herzens. Die tibetischen Traditionen lehren zwar auch die Notwendigkeit der Einsicht in die drei Daseinsmerkmale, betonen aber vor allem die große Bedeutung von Freude und Vertrauen. Auf Vertrauen werde ich im dritten Kapitel unter dem Stichwort Einsicht noch näher eingehen.

Im nächsten Unterkapitel will ich vier Dimensionen des Glücks vorstellen, die allen Menschen zugänglich sind und die wir systematisch üben können: Sinnesfreuden, gute Beziehungen, Sammlung bzw. Hingabe und tiefe Einsicht bzw. unerschütterliches Vertrauen. Diese vier Dimensionen des Glücks sind unverzichtbar für die Entwicklung von Mitgefühl und Voraussetzung für unseren tatkräftigen und geduldigen Einsatz für die Vermehrung von Glück und Wohlbefinden aller Wesen, gerade weil das nie völlig gelingen kann.[116]

Die Essenz von Freude ist *Dankbarkeit* für das, was da ist. Sie ist das Heilmittel für Neid und Eifersucht, für Mangelgefühle und Sorgen. Ein kleiner Blick in die Vergangenheit oder in andere Länder mit weniger Rechtssicherheit, Wohlstand und Freiheit reicht meist aus, um unser Jammern über das, was fehlt, zu entkräften. Es gibt immer Raum für Veränderungen zum Besseren, und ein klarer Blick auf die nie perfekten politischen und sozialen Bedingungen kann uns dazu inspirieren, unser Bestes für eine Veränderung zum Besseren zu geben. Wenn wir aber vergessen, die guten Bedingungen zu schätzen, die jetzt schon da sind, geraten wir schnell in den Griff von Ohnmacht und Empörung, von Enttäuschung und Wut, und diese Haltungen verhindern leider weitere Fortschritte zum Besseren. Dankbarkeit und Wertschätzung für das, was da ist, öffnen dagegen Herz und Geist für neue Möglichkeiten, die wir zusammen mit anderen entdecken und fördern können.

Die Essenz von Freude ist Dankbarkeit für das, was da ist. Sie ist das Heilmittel für Neid und Eifersucht, für Mangelgefühle und Sorgen.

Die vier Dimensionen des Glücks

Die aus Berlin stammende buddhistische Nonne Ayya Khema fasst die unterschiedlichen Arten oder Ebenen von Glück in vier Gruppen: Sinnesfreuden, gute Beziehungen, Sammlung bzw. Hingabe und tiefe Einsicht oder unerschütterliches Vertrauen.[117] Statt »Ebenen« ziehe ich den Begriff »Dimensionen« vor, da ich sie nicht hierarchisch interpretiere, sondern als vier mögliche Tore zu Freude und Wohlbefinden verstehe, die sich überlappen, ergänzen und unterstützen.

Sinnesfreuden

Wir alle kennen die Freuden der fünf Sinne und des Denkens. Sie sind die Grundlage für körperliches, emotionales und geistiges Wohlbefinden. Sie sind allerdings eher kurzlebig und abhängig von vielen inneren und äußeren Bedingungen. Wenn sie die einzige Quelle von Glück sind, geraten wir in die Gefahr der Sucht und brauchen immer mehr Reize und höhere Dosen. Einsicht in ihre Grenzen, Maßhalten und Dankbarkeit fördern sie mehr als ein »Mehr vom Selben«.

Gute Beziehungen
Dafür stehen traditionell die vier himmlischen Haltungen: Freundlichkeit, Mitgefühl, Freude und Gleichmut. Wenn wir sie einüben und erleben, entdecken wir eine Freude, die länger anhält als der Genuss von gutem Kaffee, leckerem Salat, schönen Landschaften und Klängen usw. Gute Beziehungen sind ganz offensichtlich kein Ersatz für Sinnesfreuden, aber die damit verbundene Freude hält länger, selbst wenn das »Objekt« nicht da ist. Unser Herz geht auf, wenn wir an bestimmte Menschen denken, und das ist selbst dann möglich, wenn sie schon lange gestorben sind oder wir sie gar nicht persönlich kennen. Der gute Rat des Buddha lautet: Pflege und schätze deine Beziehungen, denn sie sind ein großes Glück. Ich denke: Und wir brauchen Beziehungen wie die Luft zum Atmen.

Mein Rat in allen Vorträgen, Kursen und Büchern: Pflegen Sie Ihre Beziehungen. Üben Sie die vier himmlischen Haltungen mit nahen Menschen, Bekannten und Unbekannten, ja sogar mit Menschen, die Sie ablehnen. Sie werden staunen, wie viel Dankbarkeit und Freude das in Ihr Leben bringt. Das bedeutet nicht, dass Sie sich nicht mehr mit anderen streiten oder in Konflikt geraten. Erwarten Sie keine heile Welt, rechnen Sie weiterhin mit Problemen und machen Sie das Beste daraus. Sie kennen ja den guten Rat schon: Wenn es gut läuft, üben Sie Freundlichkeit und Freude, und wenn es schlecht läuft, Mitgefühl und Gleichmut, mit sich selbst und anderen.

Sammlung und Hingabe
Im Rahmen meditativer Techniken interpretiert, bedeuten Sammlung und Hingabe, dass wir unsere Fähigkeit schulen, eine längere Zeit bei einem Meditationsobjekt zu bleiben. Im weiteren Sinne weisen diese Begriffe auf die Freude des selbstvergessenen Tuns hin. Wenn wir mit ganzem Herzen bei einer Sache sind, vergessen wir Zeit und Raum und sind einfach mit Leib und Seele da. Das kann man »Flow« nennen oder »Präsenz« oder einfach »Hingabe« an ein Tun. Solche Erfahrungen haben drei leicht spürbare Wirkungen: Freude, Energie und Selbstvertrauen.

Nehmen Sie sich regelmäßig Zeit für ein paar Dinge, Abläufe und Umstände, die Ihnen diese Erfahrung ermöglichen. Früher haben Hobbys diese Funktion erfüllt, aber heute konsumieren wir häufig lieber, als etwas immer wieder und mit ganzem Herzen zu tun. Es reicht allerdings nicht aus, aufmerksam einen spannenden Krimi anzuschauen oder seine Lieblingsmusik zu hören. Sammlung und Hingabe wirken tiefer, wenn wir unseren Körper mit einbeziehen und uns auf eine Sache ausrichten – den Atem spüren oder einen Satz wiederholen – oder einen einfachen Ablauf viele Male wiederholen: Yoga-Übungen, Tai-Chi, Singen, einfache Tanzschritte, rituelle Gesten. In traditionellen Kulturen hatten religiöse und Alltagsrituale diese Funktion, nämlich Leib und Seele auf ein Tun auszurichten und dabei sich selbst zu vergessen. Sie können auch eine einfache und vertraute Aufgabe oder Arbeit von A bis Z durchführen, wie Kuchenbacken, Kochen, Gartenpflege oder auch etwas schreiben, malen usw. Das vermittelt uns neben der Freude am Tun zusätzlich noch das Gefühl von Selbstvertrauen und Kompetenz.

Ein wunderbarer Effekt von Sammlung, Hingabe an ein Tun bzw. von selbstvergessenem Tun besteht darin, dass wir uns bei dem Tun und vor allem danach erfrischt und voller Energie fühlen. Freude scheint also eine Quelle von Energie zu sein. Genau genommen vergeuden wir bei der Hingabe an *eine* Sache nicht so viel Energie wie beim Multitasking oder bei zerstreuter Geschäftigkeit.

Mit dem Herzen bei der Sache zu sein, weckt Freude am Tun, schenkt Energie und stärkt unser Selbstvertrauen.

Tiefe Einsicht oder unerschütterliches Vertrauen

Es gibt unterschiedliche Dimensionen von Einsicht. Schon wenn wir etwas begrifflich verstehen, d.h. eine Erfahrung in einen größeren Zusammenhang einordnen können, nimmt das Druck und wir fühlen uns wohler. Manchmal sinkt eine Einsicht so tief, dass wir einen Schauer körperlichen Entzückens spüren, ein Hinweis darauf, dass blockierte Energie freigesetzt wird. Manchmal bewirkt tiefes Verstehen, dass wir unser Verhalten verändern können. Das sind wunderbare und wertvolle Erfahrungen, die Freude und Glück schenken. Im Buddhismus gilt die Fähigkeit, das Leben in seinem Auf und Ab annehmen zu können, ohne daran zu verzweifeln und ohne sich in Empörung, Wut und Schuldzuweisungen zu verlieren, als das höchste Glück, das Glück der Einsicht.

Wir erinnern uns vielleicht: Wer natürliches Leiden, Unbeständigkeit und Nichtkontrollierbarkeit annehmen und das Beste daraus machen kann, lebt im Frieden des Nirvana. Das ist die eine

Seite, das *Annehmen* durch Einsicht in die drei Daseinsmerkmale. Die andere Seite dieses Friedens der Befreiung von den drei Geistesgiften ist unerschütterliches *Vertrauen.* Die Frage ist jetzt: Vertrauen in was? Christen sprechen von Gottvertrauen und Humanisten vom Vertrauen in menschliche Güte und Würde. Buddhisten vertrauen auf die Möglichkeit aller Wesen, aus Gier, Hass und Verblendung zu erwachen. Allerdings ist das nur möglich, wenn wir das von Herzen *wollen* und uns darum *bemühen.* Und selbst dann dauert es länger, als wir uns wünschen.

Auf das Vertrauen will ich im nächsten Abschnitt noch etwas ausführlicher eingehen.

Staunen und Vertrauen

Meine These ist: Wir brauchen drei Arten des Vertrauens: in andere Menschen, in uns selbst und in den unfassbaren Grund, der uns trägt. Ich schlage einen sehr einfachen und tagtäglich überprüfbaren Weg zu unerschütterlichem Vertrauen vor: Wir können mit unserer Vernunft verstehen, dass unsere *Einsicht Grenzen* hat. Alle redlichen Wissenschaftlerinnen und Wissenschaftler betonen, dass sie, je mehr Detailwissen sie haben, desto mehr begreifen, wie wenig sie wissen. Und diese ganze Welt, Galaxien und Planeten, Pflanzen und Tiere, die ganze wunderbare Natur und unsere körperlichen, emotionalen und geistigen Prozesse funktionieren ziemlich gut, auch ohne dass wir sie völlig verstehen.

Wir können das *Staunen* über die *Wunder* der Natur und unsere menschlichen Fähigkeiten zum Ausgangspunkt nehmen und uns schlicht freuen, dass so vieles gut funktioniert, vor allem dann, wenn wir Menschen mit unserem überzogenen Anspruch auf Kontrolle und Detailwissen nicht dauernd eingreifen, sondern die Grenzen unseres Wissens anerkennen. *Staunen* und *Dankbarkeit* für das Wunder des Lebens können tiefes unerschütterliches Vertrauen wecken. Und Vertrauen reduziert Komplexität. Das sokratische Wissen, dass wir nicht alles wissen können und müssen, kann uns so weit entlasten, dass wir dadurch eher fähig sind, unser Bestes zu geben, als wenn wir von uns erwarten, die große weite Welt in den Griff bekommen zu müssen.

Wir brauchen drei Arten des Vertrauens: In andere Menschen, in uns selbst und in den unfassbaren Grund, der uns trägt, was auch geschieht.

Staunen und Dankbarkeit für das Wunder des Lebens können tiefes, unerschütterliches Vertrauen wecken.

Mitgefühl üben

Am Schluss dieses Kapitels möchte ich Ihnen ein paar Hinweise geben, wie Sie Mitgefühl – zusammen mit den drei anderen himmlischen Haltungen – üben können.

Wenn Sie die Übungen das erste Mal machen, empfehle ich, etwa eine Woche lang jeweils ein paar Minuten mit einer Person oder Personengruppe zu üben. Wenn Sie vertraut damit sind, können Sie jeden Tag mit einer anderen Person üben. Probieren Sie aus, was für Sie gut funktioniert.

Ein bestimmte Reihenfolge wird bei allen vier Übungen empfohlen: Üben Sie zuerst mit einer Person, die sie *mögen*. Dann einige Tage mit einer Person, die Sie nur *flüchtig* kennen. Und schließlich tasten Sie sich an Menschen heran, die Sie ein kleines bisschen *ablehnen*. Die schwierigste Übung ist Wohlwollen für Menschen, die wir aus privaten oder politischen oder sonstigen Gründen verachten. Falls das nicht gelingt, wechseln Sie zur *Übung Tonglen* mit dem, was Sie an anderen nervt.

Freundlichkeit

Freundlichkeit: Mögest du glücklich sein
Wir beginnen die Metta-Übung mit einer Person, die wir mögen, mit einem Kind oder einem Haustier. Wir wiederholen für ein paar Minuten innerlich immer wieder »Mögest du glücklich sein« oder einen ähnlichen Satz. Wir können eigene Formulierungen finden, die wir leicht sprechen können, wie z.B.: »Mögest du glücklich sein, froh und gesund, heiter und leicht.« Immer wenn sich unser Herz öffnet und wir das ein wenig spüren können, hören wir auf, den Satz zu sprechen und genießen das Gefühl der Freundlichkeit. Wenn das Gefühl nachlässt oder ganz verschwindet, sagen wir den Satz wieder, je nach Bedarf und Ausdauer für drei oder fünf, zehn oder zwanzig Minuten.

Die Übung ist einfach, aber sie hat es in sich. Nach meiner Erfahrung hat gerade diese Übung mit Menschen, die mich nerven oder deren Verhalten ich inakzeptabel finde, eine sehr kraftvolle Wirkung, wenn ich sie ein, zwei Wochen lang regelmäßig für zwei, drei Minuten mache. Ich kann sie wärmstens empfehlen.

Mitgefühl und Tonglen

Mitgefühl 1: Mögest du frei sein von Leid

Denken Sie an eine Person, die Sie schätzen, und an ein Problem, unter dem sie leidet, eine Krankheit, einen Streit o.Ä. Wiederholen Sie innerlich den Satz: »Mögest du frei sein von diesem Leid und allen weiteren Leiden.« Sie können den Satz so formulieren, wie es für Sie passt.

Eine Variante dieser Übung zu Mitgefühl ist Tonglen (tibetisch: abnehmen und geben):

Mitgefühl 2: Tonglen mit deinem Leid

Mit dem Einatmen nehmen Sie dieser Person ihr Leiden ab. Und mit dem Ausatmen schenken Sie ihr das, was Sie ihr von Herzen stattdessen wünschen. Machen Sie sich keine Gedanken darüber, wohin das Leid geht, denn bei dieser Übung geht es vor allem darum, die eigene Angst vor Leiden zu erkennen und zu lockern. Falls es hilfreich erscheint, können Sie sich in Ihrem Herzzentrum, in der Mitte der Brust, weißes heilendes Licht vorstellen. In dieses Licht hinein löst sich das Leiden auf, und aus diesem Licht heraus fließt heilende Energie zu der Person hin, an die Sie gerade denken.

Beispiel: Denken Sie an eine gute Bekannte, die z.B. erkältet ist. Denken Sie dann: Mit dem Einatmen nehme ich dir deine Erkältung ab. Mit dem Ausatmen schenke ich dir Gesundheit.

Für mich klappt die Übung am besten, wenn ich mir keine Gedanken darüber mache, wohin das Leiden geht, sondern mich einfach darüber freue, dass ich dieser Person Leiden abnehmen und Glück schenken kann.

Falls Sie sich Sorgen machen, dass Sie dann selbst krank werden könnten, dann stellen Sie sich zuerst eine große leuchtende Lichtquelle voller Heilenergie vor, die vor Ihnen im Raum ist, und atmen Sie ein paar Minuten lang diese Heilenergie ein, bis Sie sich stark genug fühlen, einer anderen Person ihr Leiden abzunehmen. Falls Sie nicht an die Wirkung von Licht und Energien glauben, brauchen Sie auch keine Angst davor zu haben, dass das lediglich vorgestellte Einatmen von Krankheit irgendeine negative Wirkung auf Sie hat. Wenn Sie feststellen, dass Sie zwar an negative Energien glauben, aber nicht an positive, dann können Sie darüber nachdenken, warum Sie das wohl tun.

Auch hier beginnen Sie am besten mit Menschen, die Sie mögen, dann üben Sie mit Menschen, die Sie nur flüchtig kennen, und schließlich wagen Sie sich an Menschen heran, die Sie nicht mögen. Bei Menschen, die Ihnen besonders auf die Nerven gehen oder die Sie, aus welchen Gründen auch immer, ablehnen, probieren Sie die zweite Tonglen-Übung: mit dem, was Sie an anderen nervt: Arroganz, Jammern, Vorwürfe, Schuldzuweisungen, überzogene Ansprüche, Unordnung, Pingeligkeit usw. Sie funktioniert bei mir sehr gut, denn nach zwei, drei Minuten geht mir meist ein Licht auf, was das, was ich an der anderen Person nicht mag, möglicherweise mit mir selbst zu tun hat. Vielleicht erinnert sie mich an schlechte Eigenschaften, die ich mir gerade mühevoll abgewöhnt oder bislang kaum bemerkt habe. Ich liebe diese Übung, denn sie weckt mich immer wieder auf, wenn ich überheblich oder nachlässig bin.

Mitgefühl 3: Tonglen mit dem, was mich an dir nervt
Denken Sie an eine Person, die Sie immer wieder nervt. Denken Sie dann: Mit dem Einatmen nehme ich dir deine Arroganz ab. Mit dem Ausatmen schenke ich dir Demut und Bescheidenheit.

Mitgefühl 4: Tonglen mit dem eigenen Leiden
Diese Übung erfordert ein bisschen geistige Gymnastik, denn die Frage ist: Wer nimmt da wem Leiden ab? Sie können sich vorstellen, dass Ihre innere Weisheit, vielleicht als Lichtquelle in Ihrem Herzen, Ihnen Ihr Leiden abnimmt. Denken Sie z.B.: Mit dem Einatmen nimmt mir meine Weisheit meine Selbstzweifel ab, und mit dem Ausatmen schenkt sie mir Selbstvertrauen.

Mitgefühl 5: Sich heilen lassen

Falls die Vorstellung mit der Lichtquelle im eigenen Herzzentrum nicht funktioniert, stellen Sie sich eine Lichtkugel voller weißer oder goldener Heilenergie vor, die vor Ihnen im Raum ist. Denken Sie: Mit dem Ausatmen lasse ich meine Erkältung und all ihre Ursachen los. Mit dem Einatmen lasse ich mich von der Heilenergie trösten, heilen und stärken.

Sie können diese Sätze so formulieren, wie es für Sie stimmig ist.

Freude

Dankbarkeit

Nehmen Sie sich ein paar Minuten Zeit und freuen Sie sich über das, was da ist und gut ist in Ihrem Leben: Gesundheit, Wohnung, Arbeit, Beziehungen, schöne Dinge, Musik und Bücher, Kunst, Kultur und Sport usw. Danken Sie konkreten Menschen und/oder dem Universum, dass es Ihnen diese Möglichkeiten schenkt.

Sie können diese Übung ab und zu oder jeden Abend vor dem Einschlafen machen und zwei, drei Minuten an alles Positive des Tages denken und sich dafür bedanken, bei wem auch immer.

Sternstunden

Denken Sie an eine kleine Situation von heute oder aus den letzten Tagen, in der Sie sich wohlgefühlt haben. Erinnern Sie so viele Einzelheiten, wie Sie jetzt brauchen, um sich gut an das Gefühl des Wohlbefindens zu erinnern. Genießen Sie das Gefühl einige Momente.

Dann fragen Sie sich, welche Bedingungen mitgespielt haben: War ich drinnen oder draußen? Allein oder mit anderen zusammen? In Ruhe oder in Bewegung?

Fragen Sie sich, welche Dimension der Freude wichtig war: Welche Sinne standen im Vordergrund? Spielte die Begegnung mit einer anderen Person eine Rolle? War ich mit dem Herzen ganz bei einer bestimmten Sache? Ging mir ein Licht auf? Habe ich etwas besser verstanden? Habe ich einen Moment Vertrauen ins Leben gespürt?

Dann fragen Sie sich: Was kann ich in den nächsten Tagen, Wochen und Monaten von meiner Seite aus dazu beitragen, um solchen Erfahrungen mehr Raum zu geben?

Sind Sie bereit dazu? Oder reist Sie das aus ihrem eingefahrenen Trott?

Bedanken Sie sich am Ende bei allen und allem, was bei diesen Sternstunden mitgewirkt hat.

Gleichmut

Gleichmut 1: Die drei Daseinsmerkmale

Denken Sie an ein kleines Problem der letzten Tage oder Wochen. Erinnern Sie so viele Einzelheiten, wie Sie brauchen, um das Gefühl der Irritation oder der Verletzung gut zu spüren.

Dann fragen Sie sich: Was spielt alles mit? Welche Bedingungen? Gehört die Erfahrung zum natürlichen Leiden des Lebens? Hat es zu tun mit Geburt, Altern, Krankheit, Sterben bzw. Tod? Geht es um: verlieren, was man liebt; nicht bekommen, was man will; bekommen, was man nicht will; nie sicher sein vor Leid? Hat die Irritation mit Unbeständigkeit zu tun? Mit der Tatsache, dass niemand das Leben völlig in den Griff bekommt?

Versuchen Sie für ein paar Momente, diese drei Daseinsmerkmale anzunehmen. Denken Sie: Ja, natürliches Leiden, Unbeständigkeit und Unkontrollierbarkeit gehören zum Leben. Ja. So ist es.

Genießen Sie jedes bisschen Akzeptanz und Frieden, das möglich ist.

Wiederholen Sie diese Übung, so oft Sie mögen. Sie fördert Gleichmut und die Fähigkeit, das Beste auch aus unangenehmen Erfahrungen zu machen.

Wer Unbeständigkeit und Unkontrollierbarkeit ablehnt oder leugnet, lebt im Leid des Samsara, und wer sie annimmt, lebt im Frieden des Nirvana.

Gleichmut 2: Freund, Feind, Fremde

Stellen Sie sich drei Menschen vor, die vor Ihnen sitzen: eine gute Freundin, ein flüchtiger Bekannter und eine Person, die Sie unsympathisch finden. Denken Sie kurz an ein, zwei Erfahrungen aus der letzten Zeit, die dazu beitragen, dass Sie diese Personen in diese drei Kategorien einordnen. Spielen Sie dann ein bisschen mit den Umständen. Stellen Sie sich vor, Sie bekommen durch die unsympathische Person die ideale Wohnung oder Sie lernen durch sie Ihre große Liebe kennen. Die flüchtige Bekannte wird zu einer guten Freundin und mit der guten Freundin verkrachen Sie sich ganz fürchterlich. Spielen Sie ein paar Szenen durch und schauen Sie dann die drei Personen wieder an. Hat sich Ihre Haltung verändert? Wodurch? Haben die Menschen sich verändert oder ist Ihre Einstellung zu ihnen jetzt anders?

Sinn und Zweck dieser Übung ist die Einsicht, dass unsere Einteilung in Freund, Feind, Fremde keine ewigen, absoluten Kategorien sind, sondern abhängig von Bedingungen entstehen und sich immer wieder verändern können. Das kann eine offenere Haltung anderen gegenüber fördern.

Ein Lob der Höflichkeit

Zum Abschluss des Kapitels zu Mitgefühl eine Übung für *alle* Notfälle. Falls es Ihnen weder möglich ist, Wohlwollen und Freude in relativ einfachen oder neutralen Situationen noch Mitgefühl und Gleichmut unter schwierigen Umständen zu entwickeln, Sie aber bestimmten Personen nicht ausweichen oder Begegnungen mit ihnen nicht ganz vermeiden können, bleibt Ihnen immer noch der Ausweg in die Höflichkeit. Sie hat derzeit keine gute Presse, und das aus mehreren, durchaus nachvollziehbaren Gründen. Zum einen gilt sie als verlogen und oberflächlich, und zum andern ist die neue Leitidee Authentisch-Sein.

»Authentisch ist das neue Wahr«, könnte man annehmen. Ist das ein Überbleibsel aus den wilden 1970er-Jahren, als es vor allem darum ging bzw. darauf ankam, seine Emotionen »ehrlich« auszudrücken, ohne Rücksicht auf die Nebenwirkungen? Ist das ein Ausdruck der Infantilisierung der Gesellschaft? Ausdruck eines pubertären Widerstands gegen eine gnadenlose Leistungsgesellschaft, so wie auch Burnout, Schlafstörungen, Verdauungsbeschwerden und

Allergien? Falls ja, scheint den Personen, die das erleben und leben, dieser Widerstand noch sehr unbewusst zu sein.

Sich um etwas zu bemühen, sich anzustrengen oder Rücksicht zu nehmen, ist derzeit bei vielen Menschen out. Selbst in vielen Betrieben darf man zumindest an bestimmten Tagen Freizeitkleidung tragen. Wie dem auch sei, es spielen viele Faktoren mit, auch biografische.

Aus meiner Sicht geht es heute darum, mit sehr unterschiedlichen Menschen auszukommen, ja sogar ins Gespräch zu kommen. Und Höflichkeit scheint mir geradezu neben der Geduld *die* Kernkompetenz zu sein für das Gespräch mit anderen über die gemeinsame Welt. Comte-Sponville erinnert in seinem Bestseller *Ermutigung zum unzeitgemäßen Leben*[118] an achtzehn Tugenden – zu denen er auch Mitleid, im Sinne von Mitgefühl, und Gerechtigkeit zählt – und betont die wunderbaren Auswirkungen der *Höflichkeit*, wenn uns kein anderes Verhalten möglich ist. Höflichkeit ahmt die Moral nach, sagt er, und die Moral die Liebe. Er plädiert dafür, uns in Höflichkeit zu üben, als Weg von der Moral der Goldenen Regel hin zur Ethik der Nächstenliebe, der höchsten Tugend, der Krönung eines menschlichen Umgangs mit sich und anderen, die man leider nicht erzwingen aber anstreben könne.

Höflichkeit ahmt die Moral nach und Moral die Liebe.

Im nächsten Kapitel beschreibe ich anhand eines klassischen buddhistischen Übungsmodells, des achtfachen Pfades, wie wir Mitgefühl und einen Sinn für Gerechtigkeit fördern können, ohne uns durch überzogene Ideale unter Druck zu setzen oder an ihnen zu verzweifeln.

3. Wege zu Mitgefühl und Gerechtigkeit

Es gibt viele Wege nach Rom und sicherlich unterschiedliche Wege zu Mitgefühl und Gerechtigkeit. Ich möchte anhand des buddhistischen Achtfachen Pfades einige, auch von mir selbst erprobte Wege zur Entwicklung von Mitgefühl und zur Verfeinerung und Präzisierung unseres Gerechtigkeitsempfindens beschreiben. Je länger ich mich mit buddhistischen Sichtweisen und Übungen beschäftige, desto mehr staune ich über die große Menschenkenntnis und den Pragmatismus des Buddha und seiner Schülerinnen und Schüler der letzten zweieinhalbtausend Jahre, die in unterschiedlichen Kulturen sehr kraftvolle Übungen und inspirierende Erklärungen ausprobiert und weitergegeben haben. Ich werde zuerst die Vier Aufgaben und den Achtfachen Pfad vorstellen, gezielt einige Anstöße zum Nachdenken geben und am Ende einige Übungen empfehlen.

Die Vier Aufgaben

Erwachen und die Vier Aufgaben

Nach seinem Erwachen aus Gier, Hass und Verblendung schwieg der Buddha einige Wochen lang, weil er dachte, seine Einsichten seien so einfach und bodenständig, dass ihm das niemand glauben würde. Menschen lieben komplizierte Erklärungen und Übungen, weil sie sich damit beweisen können, wie leistungsfähig und klug sie sind. Das war damals nicht viel anders als heute.

Der indische Schöpfergott Brahma, die Verkörperung der himmlischen Haltungen, bat der Legende zufolge den Buddha, wenigstens denjenigen Menschen seine Einsichten zu lehren, die »wenig Staub auf den Augen« haben. Bei dieser Empfehlung klingt mit, dass sich auch ein außergewöhnlich mitfühlendes und hochentwickeltes Wesen wie Brahma keine großen Hoffnungen machte, dass der Weg zum Erwachen zu einer Massenbewegung werden würde. In den indischen Upanishaden gibt es eine bedenkenswert nüchterne Aussage über die Bereitschaft der Menschen, spirituelle Lehren zu üben. Sie lautet sinngemäß: Von tausend Menschen, die die Lehren hören, interessiert sich nur einer für sie, und von tausend Menschen, die sich für sie interessieren, fängt nur einer an, sie zu üben, und von tausend, die mit dem Üben beginnen, bleibt nur einer länger dran, und von tausend, die dranbleiben, versteht sie nur einer tief genug, dass er sie umsetzen kann. Das passt zu meinen eigenen Erfahrungen mit Menschen, denen ich in den letzten vierzig Jahren auf dem buddhistischen Weg begegnet bin und die ich in den letzten dreißig Jahren auf diesem Weg begleitet habe.

Der mitfühlende Gott Brahma bat: »Lehre die Menschen, die wenig Staub auf den Augen haben.« Das tat Siddhartha Gautama, der Weise aus dem Geschlecht der Sakyas, Shakyamuni Buddha, dann für die nächsten vierzig Jahre. Er wurde Buddha, der Erwachte, genannt, denn er war aus dem Traum der Geistesgifte erwacht: aus der falschen Ansicht, dass *Verblendung,* d.h. überzogene Erwartungen, ungültige Ansichten und reaktive Emotionen wie *Gier* und *Hass* Glück vermehren und Leid verringern könnten.

Im Prozess dieses Erwachens hatte er *Vier Aufgaben* erkannt, die uns Menschen als Orientierung dienen können, wenn wir ein gelingendes Leben zum eigenen Wohl und dem der anderen führen wollen. Die Tradition nennt sie die *Vier Edlen Wahrheiten.* Genaugenommen sind nicht diese Aussagen edel, sondern die Menschen, die sie als wahr erkennen. Es geht allerdings dabei nicht um ewige und heilige Wahrheiten, die man in heiligen Büchern lesen und durch gründliches Nachdenken erkennen kann oder an die man glauben müsste, sondern um Aufgaben, die uns zeigen, wie wir die Herausforderungen des menschlichen Lebens mit Zuversicht und Vertrauen, in Würde und mit viel Geduld und Ausdauer meistern können.[119]

Diese Vier Aufgaben sind:

1. *Leiden* erkennen und annehmen.
2. Die *Ursachen* des Leidens erkennen und loslassen.
3. Den *Frieden* des Annehmens und Loslassens entdecken und genießen.
   Und schließlich:
4. Den *Weg* zum Frieden mit sich und der Welt gehen.

Auf die ersten drei Aufgaben – Leiden annehmen, reaktive Emotionen als Ursache für Leiden loslassen und Herzensfrieden genießen – habe ich in Kapitel 2 schon mehrfach hingewiesen. Ich möchte sie hier noch einmal kurz zusammenfassen, denn das Wiederholen von Thesen, die uns einleuchten, fördert eine immer tiefere Einsicht in sie. Die vierte Aufgabe, den Weg zum Frieden mit sich und der Welt gehen, thematisiere ich dann im Anschluss an die Darstellung des Achtfachen Pfads im Abschnitt »Vom ›Ihr – Wir‹ zum ›Wir alle‹ in der einen Welt« (S. 153f.).

Leiden erkennen und annehmen

Wir wissen es aus eigener Erfahrung und wir haben es in buddhistischen Unterweisungen oft gehört: Leiden gehört zum Leben. Sehr hilfreich ist die Unterscheidung des Buddha zwischen *natürlichem* Leiden, das zu jedem menschlichen Leben gehört, und dem *zusätzlichen* Leiden, das wir uns und anderen durch ein ungeschicktes Umgehen damit schaffen. Das ist schon ein erster Hinweis auf die Ursachen des Leidens.

Die Ursache des *natürlichen* Leidens ist das Leben, und dieses Leiden können wir nicht vermeiden, es sei denn, wir folgten dem Motto der frustrierten Weltflüchtlinge, die schon in der Antike meinten, es sei besser, nie geboren worden zu sein. Wir können alles tun, was weder uns noch anderen schadet, um das natürliche Leiden durch ein kluges Umgehen damit, durch Medizin und Diät, Übungen und technische Hilfsmittel, zu verringern. Manche Leute ignorieren ihre Verletzlichkeit, lenken sich ab oder betäuben sich mit Drogen oder Arbeit, aber, was wir auch tun, wir werden Leiden nie völlig vermeiden können. Und wir sollten daher lernen, damit nüchtern und würdevoll umzugehen. Die buddhistische Tradition empfiehlt, über die acht Arten des Leidens der Menschen immer wieder nachzudenken – am besten solange wir gesund und munter sind, aber spätestens dann, wenn wir sie erleben. So lernen wir sie als Teil des Lebens anzunehmen. Das ist zumindest die Hoffnung.

Vier Übungen zum Leiden

Im Folgenden möchte ich Ihnen vier Übungen vorstellen, die Ihnen helfen können, Leiden zu erkennen und anzunehmen.

Ich selbst mache die erste Übung immer dann, wenn ich mich

gegen bestimmte Erfahrungen wehre. Die drei anderen Übungen inspirieren mich seit bald vierzig Jahren, und ich mache sie mehrmals im Jahr, vor allem dann, wenn ich wichtige Entscheidungen treffen muss. Wenn mir dann klar wird, dass ich dies oder das bestimmt nicht tun würde, lasse ich es. Und wenn ich feststelle, dass ich etwas gerne tun würde, auch wenn ich nur noch ein paar Wochen zu leben hätte, spüre ich mit Leib und Seele, dass mein Leben stimmig ist, und das gibt mir Kraft und Geduld für das, was mir am Herzen liegt – weil es für mich oder für Menschen, mit denen ich mein Leben oder zentrale Anliegen teile, wichtig ist.

Machen Sie jede Übung mehrmals, nehmen Sie Ihre Widerstände freundlich zur Kenntnis und tauschen Sie sich ab und zu mit Gleichgesinnten darüber aus. Bei der ersten Übung empfehle ich Ihnen, die Fragen in eigenen Worten zu formulieren.

Übung 1: Die Vier Aufgaben – für mich persönlich

Fragen Sie sich: Worunter leide ich derzeit besonders?
Was halte ich für die Ursachen dieser Leiden?
Halte ich ein Ende dieser Leiden für möglich?
Welcher Weg führt dahin? Was kann ich selbst dazu beitragen, dass ich weniger leide?

Übung 2: Natürliches Leiden

Der Buddha beschrieb acht Arten von *natürlichem* Leiden, die zu einem Leben als Mensch gehören. Welche davon kennen Sie aus eigener Erfahrung oder aus der von anderen? Es sind:

- Geburt,
- Altern,
- Krankheit,
- Sterben bzw. Tod,
- verlieren, was man liebt,
- nicht bekommen, was man will,
- bekommen, was man nicht will,
- nie sicher sein vor Leid.

Versuchen Sie einmal, einfach »Ja« zu sagen zu diesen Erfahrungen.

Übung 3: Was ist mir wirklich wichtig?
Fragen Sie sich ab und zu, vor allem dann, wenn Sie unzufrieden sind mit Ihrem Leben: Was will ich noch erleben, lernen oder lassen in meinem Leben, in den nächsten zehn, zwanzig, dreißig Jahren? Notieren Sie sich, was Sie wirklich wichtig finden. Und beherzigen Sie Ihre Einsichten.

Übung 4: Der Tod als Ratgeber – Prioritäten klären
Fragen Sie sich ab und zu: Was würde ich verändern, wenn ich genau wüsste, wie lange ich noch zu leben habe? Noch dreißig, zwanzig, zehn Jahre, Monate, Wochen, Tage oder Stunden? Lassen Sie den Zeitpunkt so nahe wie möglich kommen und achten Sie auf das, was Ihnen dann noch wichtig ist. Auf das, was Sie tun oder lassen würden, wenn Sie z.B. nur noch vier Monate zu leben hätten. Falls Sie diese Übung zu anstrengend finden, machen Sie die dritte Übung ein paar Mal.

Solange wir als Menschen leben, werden wir immer wieder leiden, auch wenn wir erwacht oder erleuchtet und voller Liebe, Kraft und Weisheit sind. Allerdings leiden wir weniger, wenn wir nicht mit Gier, Hass und Verblendung auf die *natürlichen* Leiden des Lebens reagieren. Diese Geistesgifte sind die Ursachen des *zusätzlichen*, d.h. des menschengemachten Leidens, das wir uns und anderen zufügen. Wir können sie erst dann loslassen, wenn wir sie gut kennen, und das kann sehr wehtun. Auch das macht den buddhistischen Weg manchmal sehr mühsam und demütigend.

Ungültige Konzepte und reaktive Emotionen als Ursachen des Leidens erkennen

Wenn wir unsere Erfahrungen genauer anschauen, erkennen wir mit der Zeit überzogene Erwartungen und Ansprüche, Vorurteile sowie negative Selbst- und Fremdbilder. Im Buddhismus gelten sie als Varianten von Verblendung, man nennt sie auch ungültige Konzepte. Was sind ungültige Konzepte? Die Definition ist sehr schlicht und ernüchternd: Konzepte oder Vorstellungen sind dann ungültig, wenn wir sie *nicht* als Konzepte *erkennen* und – wenn sie *nicht funktionieren.*[120]

Nach diesem Ansatz gibt es keine ewigen absoluten Wahrheiten, denn alles, was wir über uns und die Welt sagen können, sind lediglich vereinfachte Vorstellungen. Jedes Wort und jede Aussage ist genau genommen eine Metapher, ein Symbol für etwas, das wir nie ganz fassen können, ein Finger, der auf den Mond zeigt, wie das poetische Bild im Zen besagt. Eigentlich wissen wir das, und wenn wir es mit Leib und Seele begreifen, können wir uns leichter mit anderen verständigen, denn wir wissen dann, dass auch wir, nicht nur die Naturwissenschaften, lediglich mit *Arbeitshypothesen* hantieren. Ich habe diesen Begriff eine Weile häufig verwendet, wenn ich hartnäckig an einer bestimmten Meinung festhalten wollte. Es war sehr lehrreich. Leider hinterfragen oder korrigieren wir unsere Arbeitshypothesen meist nicht, wenn Leute anderer Meinung sind, sondern – wir regen uns auf. Wir verteidigen unsere ungültigen Konzepte und Vorstellungen mit aufgewühlten Emotionen, mit Varianten von Gier, Hass und Verblendung, mit Wut und Ärger, Neid und Eifersucht oder wir drehen unseren Gegnern mit sehr schlauen Argumenten das Wort im Mund herum. Dahinter steht ein unreflektiertes ungültiges Konzept: Der Traum von einer heilen Welt, in der alle nett und lieb zueinander sind. Wenn wir immer wieder feststellen, dass das leider nicht so ist, strengen sich einige sehr an, die Welt und die anderen nach ihren eigenen Vorstellungen zu verbessern. Und werden wütend oder verzweifelt, wenn das auch nicht klappt.

Die Ursachen für *zusätzliches* Leiden sind diesem Ansatz zufolge also *ungültige Konzepte*, die wir mit aufgewühlten *reaktiven Emotionen* verteidigen. Und wenn das immer noch nicht zu unserem Glück führt, wiederholen wir unser Verhalten, bis wir es normal und richtig finden – da capo sin fine. Und so leiden wir im Kreislauf der sich ständig wiederholenden Probleme. Das nennt der Buddha Samsara, den Kreislauf des Leidens. Wir können diesen Kreislauf des Leidens durch eine kleine Übung immer genauer erkennen und ab und zu aussteigen.

Das Annehmen und Loslassen entdecken und genießen: Der Weg zum Frieden

Es geht also darum, *natürliches* und *zusätzliches* Leiden zu unterscheiden und das natürliche Leiden als Teil des Lebens anzunehmen. Und dann die *Ursachen* des *zusätzlichen* Leidens, d.h. ungültige Vorstellungen und reaktive Emotionen, zu erkennen und loszulassen, um das Ende des Leidens, den *Frieden* des Herzens, immer wieder für Momente zu erleben und zu genießen. Das gelingt uns nie auf Anhieb, und daher gibt es auch in buddhistischen Kreisen keine ein-, vier- oder achtwöchigen Kurse zum Ende des Leidens. Zumindest bislang nicht.

Die drei Aufgaben sind ein Lebenswerk, und der Achtfache Pfad zeigt uns in acht Übungsfeldern, wie wir die Klarheit und Offenheit, die Zuversicht und die Ausdauer entwickeln können, die wir brauchen, um Leiden anzunehmen, seine Ursachen zu erkennen und loszulassen und den Frieden des Herzens zu *genießen*. Auch das müssen wir lernen, denn eigentlich haben wir Angst vor so viel Raum und Offenheit und Freude. Sie sprengen jede Vorstellung, sind unvorhersehbar und unkontrollierbar – und machen daher auch Angst.

Wenn wir den spirituellen Weg aus Mitgefühl mit uns selbst und allen Wesen gehen und dabei auch unsere Mitreisenden achten und würdigen wollen, stellen wir vermutlich fest: Er ist lang und komplex. Aber wir können ihn gehen, zusammen mit anderen, die diese Vision eines mitfühlenden und gerechten Miteinanders teilen und eine Gesellschaft schaffen wollen, in der wir bereit sind, mit den anderen Menschen über die gemeinsame Welt zu reden und zu verhandeln. Das wird nie perfekt und ohne Reibung ablaufen, und der Achtfache Pfad zeigt uns hier Sichtweisen, Einstellungen und ethische Empfehlungen für ein kooperatives Miteinander sowie meditative Übungen, die uns dabei unterstützen können.

Der Achtfache Pfad – Weisheit, Ethik, Üben

Der Weg beschreibt acht Übungsfelder, die man meist in drei Gruppen einteilt: Weisheit, Ethik, Meditation. Zur *Weisheit* gehören Sicht oder Sichtweise und Einstellung, zur *Ethik* Verhalten, Rede und Lebenserwerb und Lebensstil und zur *Meditation* Bemühen oder Üben, Achtsamkeit und Sammlung. Diese Reihenfolge beschreibt einen inneren Zusammenhang. Unsere *Sichtweise* – die Sicht auf uns und die Welt, viele sprechen hier auch von Menschenbild, Weltbild oder Weltanschauung – bestimmt unsere emotionale *Einstellung*. Und beides wirkt sich auf unser *Verhalten* aus, auf das, was wir konkret tun, wie wir reden, wie wir unser Geld verdienen und wie wir mit Natur und Kultur, mit anderen Menschen, Tieren und Pflanzen umgehen. Wenn sich unser Weltbild kognitiv verändert, folgen Einstellung und Verhalten leider nicht so schnell nach. Daher empfiehlt der Buddha Übungen, mit denen wir uns an unsere neue Weltsicht bzw. an das, was wir für richtig halten, gewöhnen, damit wir das nach und nach auch konkret umsetzen können.

Mit Begriffen aus der Neurowissenschaft[121] ausgedrückt, kann man sagen, dass uns Lehren, ethische Regeln und meditative Übungen dabei begleiten, die schönen Ideen des jüngsten Gehirnareals, des Neokortex, gründlich zu überprüfen und dann ins limbische System mit unseren Vorlieben und Abneigungen zu leiten und schließlich durch wiederholtes Tun und Üben im Stammhirn, dem ältesten Teil des Gehirns, zu verwurzeln. Denn erst dann werden die Ideen von Mitgefühl und Gerechtigkeit zu unserer zweiten Natur und bleiben nicht nur zerebrale Reizungen und sentimentale Gefühlsaufwallungen. Ich freue mich sehr, dass auch die Hirnforschung die These vom Wert der Wiederholung predigt, denn heutzutage glauben die meisten Atheisten und religiös unmusikalischen Menschen zwar nicht mehr an eine Dimension jenseits des Verstandes – denn das würde die Macher-Würde des Menschen beleidigen –, aber an die Naturwissenschaften und vor allem an die Hirnforschung, die hoffentlich bald einen Weg zeigen, wie wir unser Leben verstehen und in den Griff bekommen können.

Der Achtfache Pfad lehrt uns, wie wir edle Gedanken und hehre Vorstellungen von einer mitfühlenden und gerechten Welt gewaltfrei und wirksam selbst leben und auf dem Weg dahin auch noch andere damit inspirieren können. Das finde ich großartig. Allerdings »muss man das wollen«, und das ist die Crux aller religiösen und spirituellen Wege, die mehr als nur »Machbarkeits-Esoterik« sind. Sie betonen, dass es darum geht, edle Gedanken nicht nur zu verehren und zu predigen, sondern auf Herz und Nieren zu prüfen, und das geht nur, wenn wir sie ausprobieren und den steinigen und langen Weg zu ihrer Umsetzung auch selbst gehen.

Das gelingt nie allein. Wir brauchen dazu andere Menschen, mit denen wir unsere Ansichten und Erfahrungen austauschen. Und damit wir andere Menschen finden, mit denen wir mittel- und langfristig die Vision einer mitfühlenden und gerechten Welt verwirklichen können, müssen wir in der Lage sein, mit ihnen gewaltfrei und respektvoll umzugehen. Ohne diese Haltung des Respekts für alle bleibt die Vision einer anderen Welt nur verkleidete Egozentrik, nämlich ein Kreuzzug für *meine* Vorstellungen von einer besseren Welt.

Weisheit: Sichtweise und Einstellung

Gefühle folgen Gedanken, betont die buddhistische Tradition. Natürlich können wir auch Gefühle rechtfertigen, und dann folgen die Gedanken unseren Gefühlen. Aber Grundlage für die Einschätzung, ob jemand oder etwas für gefährlich oder hilfreich ist, sind unsere Ideen, unsere Vorstellungen.

Wenn ich z.B. glaube, nur eine ethnisch, rassisch oder religiös homogene Gemeinschaft könne friedlich zusammenleben, dann freue ich mich über die, die nach diesen wenigen Kriterien mir ähnlich sind und zu mir gehören, und ich lehne die ab, die anders sind. Und wenn ich glaube, dass alle Menschen eine autonome Persönlichkeit haben und sich ihres eigenen Verstandes bedienen sollten, finde ich Menschen, die nicht gerne nachdenken und lieber alten Bräuchen folgen, altmodisch und lehne sie ab, und ich freue mich über kreative und eigensinnige Leute, die ihren eigenen Weg gehen, zumindest solange sie mich nicht stören.

Existentiell getrennt und essentiell verbunden

Man kann es so auf den Punkt bringen: Solange wir die *existentielle Getrenntheit* der Menschen, unsere Unterschiede, für die einzige Wahrheit halten, werden wir bestimmte Unterschiede herausgreifen und danach die Menschen in »unsere Leute« und »die anderen« einteilen. Wenn wir aber eine Ahnung von der *essentiellen Verbundenheit* aller Menschen und vielleicht sogar aller Wesen haben, werden wir versuchen, bei allem Respekt für die Unterschiede, das Gemeinsame zu suchen und auf dieser Grundlage miteinander kooperieren.

Menschen sind und bleiben *verschieden*, nicht nur individuell, sondern auch in Bezug auf religiöse Orientierung und kulturelle Gewohnheiten, Geschlecht, Alter, soziale Schicht usw. Und das ist die große Herausforderung, seit Menschen zusammenleben.

In autoritären Regimen sorgen der Druck von oben und eine gemeinsame Idee, auch wenn sie gnadenlos durchgesetzt wird, für genügend sozialen Zusammenhalt, allerdings auf Kosten der individuellen Freiheit. Wenn demokratische Gesellschaften den Wert des Individuums betonen und damit dessen Freiheit, besteht die große Frage, wie das Bedürfnis nach Zugehörigkeit befriedigt werden kann. Solange es stabile zivilgesellschaftliche Strukturen gibt, feste Arbeitsplätze und eine nicht allzu große Schere zwischen Arm und Reich, einigermaßen stabile Wohnviertel und Gemeinden, Vereine und regionale Verbundenheit, solange funktionieren sie als Orientierung in einer immer komplexeren Welt.

Wenn aber von den fünf modernen Säulen des Lebens – Familie, Wohnort, Arbeit, Gesundheit und Religion – mehr als eine wackelt oder ganz zusammenbricht, wird deutlich, dass es gar nicht so viele autonome Persönlichkeiten mit Interesse an Selbstvermarktung, Flexibilisierung und Freude an wechselnden Lebensbedingungen gibt, wie die neoliberale Wirtschaft es propagiert. Was tun?

Vom »Ihr – Wir« zum »Wir alle« in der einen Welt

Meine einfache Faustregel für Sichtweise und Einstellung in Zeiten der Globalisierung lautet: Bemühe dich um eine inklusive Weltsicht. Versuche zu verstehen, dass es nur eine Welt gibt, in der alle Menschen miteinander leben lernen müssen. Dann werden sich Gier, Hass und Verblendung in ihren vielen Varianten in die vier himmlischen Haltungen verwandeln. Mitgefühl und der Wunsch nach Gerechtigkeit sind die natürliche Folge einer tiefen Einsicht in die eine, gemeinsame Welt. Erst wenn wir uns mit allen verbunden wissen und fühlen – nicht nur kognitiv, sondern auch emotional –, finden wir die Geduld und den Mut, nach Wegen zu einer fruchtbaren Kooperation mit Menschen zu suchen, die zum Teil auch sehr anders sind als wir.

Solange wir im Modus des »Ihr – Wir« bleiben, werden wir versuchen, unsere Interessen gegen die anderen durchzusetzen. Nur im Modus des »Wir alle« bringen wir die Geduld auf, in Europa und in der UNO, mit politisch Andersdenkenden und Flüchtlingen nach Wegen zu suchen, wie wir miteinander leben können, auch wenn wir nicht wissen, wie das am besten geht. Nur im Modus des »Wir alle« halten wir Konflikte aus, die ganz natürlich sind, weil wir eben nicht nur gleichwertig, sondern auch verschieden sind.

Ein großes Hindernis für ein konstruktives Miteinander sind überzogene Erwartungen. Eine Quelle für lähmende Perfektions-

und Vollkommenheitsvorstellungen sind Maschinen und technische Geräte. Sie sollen wie am Schnürchen funktionieren, denn jeder Fehler kann sich zu einem Riesenproblem mit vielen Folgen auswachsen. Menschen sind aber keine trivialen Maschinen, sondern hochkomplexe Systeme, und ein Großteil unserer Absichten, Selbst- und Weltbilder sind und bleiben unbewusst. Überzogene Perfektionsansprüche hindern alle Beteiligten daran, ihr jeweils Bestes zu geben. Schon wenn wir uns auf der kognitiven Ebene bewusst machen, dass wir alle sehr komplex sind, werden wir ein bisschen großzügiger und geduldiger, vor allem, wenn wir nicht nur das Verhalten der anderen beobachten und beurteilen, sondern auch unser eigenes. Auch das wird leichter, wenn wir immer tiefer verstehen, dass wir die anderen brauchen, denn nur zusammen können wir die Welt zu einem besseren Ort machen.

Das Zusammenleben vieler Menschen in einer Demokratie funktioniert immer besser, je mehr Menschen begreifen, dass der Staat das Symbol für die *ganze* Gesellschaft ist und seine Aufgabe darin besteht, gute Bedingungen für alle Gruppen zu schaffen und das auch gegen Wirtschaftsinteressen, die dies für überflüssig halten, durchzusetzen.

Gleiche Rechte sind der Rahmen für ein kooperatives Miteinander, aber damit das möglich wird, müssen wir bereit sein, immer wieder den »Ihr – Wir«-Modus in uns zu erkennen und abzubauen. Und dabei können *auch* meditative Übungen helfen. Regelmäßig innehalten, genau hinschauen und hinspüren, d.h. liebevoll und achtsam unsere Erfahrungen bemerken und hinterfragen, all das unterstützt uns dabei, Ansichten und Einstellungen, die aus dem »Ihr – Wir«-Modus resultieren, zu erkennen, die einem respektvollen Miteinander im Wege stehen.

Ethik: Verhalten, Rede, Lebenserwerb und Lebensstil

Das Herz der buddhistischen Ethik ist Nicht-Verletzen. Wir sollten uns nach besten Kräften bemühen, niemanden zu verletzen. Warum nicht? Zum einen ist das das Herz der Goldenen Regel, denn niemand will verletzt werden, und zum anderen fördert diese Haltung ein gutes Zusammenleben. Auch wir machen für uns selbst in bestimmten Situationen gerne eine Ausnahme, aber wir wissen dann, dass wir gegen bestimmte Gesetze oder gegen die Goldene Regel verstoßen. Ein Beispiel: Auch ein professioneller Autodieb will nicht, dass Stehlen Gesetz ist oder für alle erlaubt ist. Auch ein professioneller Killer will nicht, dass jeder seinen Kumpel bei einem Überfall erschießen darf. Auch Gesetzesbrecher werden sauer, wenn ihr Mantel oder ihr Auto gestohlen wird. Die Goldene Regel gibt uns keine speziellen Anweisungen, was wir tun oder lassen sollten, sie fordert uns allerdings auf, genau zu überlegen, was wir gerne erleben oder nicht erleben wollen, und so sollten wir auch andere behandeln. Alle Religionen und säkularen Gesellschaften formulieren allerdings konkrete Regeln, die uns Orientierung geben: Gebote, Verbote, Hausordnungen und Gesetze usw.

Der Buddhismus empfiehlt Laien, fünf Regeln, Skrt. *sila*, zu beachten, denn sie helfen uns zu bemerken, was wir denken, sagen und tun. In dem Sinne sind ethische Regeln primär kein Verhaltenskodex, sondern ein Schulungsprogramm für Bewusstwerdung. Denn nur wenn wir bemerken, was wir denken, sagen und tun, können wir unser Verhalten überprüfen und seine Folgen abschätzen. Und genau das brauchen wir, wenn wir erwachsen werden und Verantwortung für unser Verhalten übernehmen wollen. Ethische Regeln sind so lange produktiv, wie sie die Bewusstwerdung fördern. Wenn wir aus Angst, nicht das Richtige zu tun, unser Verhalten verdrängen, führt das dazu, dass wir verdrängte Impulse auf andere projizieren. Wenn wir glauben, die einzigen guten Menschen in einer bösen Welt zu sein, sollten wir weniger das Verhalten von anderen kritisieren und mehr darauf, achten, was *wir* denken, sagen und tun.

Die buddhistischen Silas sind weder Gebote noch Verbote, sondern *Übungen*. Wir bemühen uns, folgende Handlungen zu vermeiden: töten, stehlen, lügen, Schaden zufügen durch sexuelles Verhalten und den Geist durch Drogen und Alkohol trüben. Stattdessen bemühen wir uns darum, Leben zu schützen, großzügig und einfach zu leben, die Wahrheit zu sagen, Beziehungen zu achten und den Geist durch Meditation zu klären. Es liegt auf der Hand, dass man das nur »wollen«, aber niemandem vorschreiben kann.

Und genau das ist die Crux aller Utopien von einer besseren Welt: Damit die Welt besser wird, müssen Menschen bereit sein, andere als gleichwertig zu achten und sie nicht zu verletzen, und zwar *alle*, auch die, die sich unmöglich und falsch verhalten. Dazu ist die Mehrheit offensichtlich nicht bereit, und daher ist die Welt so wie sie ist. Immerhin haben sich maßgebliche und einflussreiche Menschen nach zwei Weltkriegen dazu entschieden, sich für die allgemeine Achtung der Menschenrechte einzusetzen, und sie haben die Vereinten Nationen gegründet, als eine Art runden Tisch aller wichtigen Staaten, die zumindest versuchen, die Einhaltung der Menschenrechte zu fordern und zu fördern.

Ich finde es schon einen großen Fortschritt, dass sich autoritäre Regime dieser Begriffe bedienen und betonen, dass sie die Menschenrechte zwar achten, aber anders interpretieren. Und hochinteressant finde ich, dass autoritäre Machthaber Kritik an ihrem Verhalten als undemokratisch brandmarken und damit indirekt ausdrücken, dass Demokratie ein hoher Wert ist, auch wenn sie ihn nicht zu verstehen scheinen und für ihre Zwecke ausnutzen.

Konstruktive Gespräche

Zur »rechten« oder »angemessenen und heilsamen Rede«, d.h. zu einem ethischen Verhalten im Gespräch mit anderen, gehören vier Elemente, auch sie sind als *Übungen* formuliert. Wir bemühen uns, folgendes Verhalten zu vermeiden: lügen, verletzen, verleumden und dummes sinnloses Geschwätz. Wir bemühen uns stattdessen, nur das zu sagen, von dem wir wissen, dass es wahr ist, andere durch unsere Worte zu inspirieren, sie bei Streit zu versöhnen und nur das Notwendige und Sinnvolle zu sagen. Und dazu gehört nach meiner Ansicht: nicht nur selbst zu reden, sondern auch andere reden zu lassen und genau zuzuhören, was sie zu sagen haben.

Auch bei diesen Empfehlungen wird deutlich, dass man das zwar empfehlen, aber nicht vorschreiben kann. Manche Kommunikationsansätze, wie z.B. die Gewaltfreie Kommunikation, versuchen das in Regeln zu packen, und viele Gruppen und runde Tische profitieren davon. Je mehr Menschen den Geist dieser Art von respektvoller Rede auch ohne Regeln *verkörpern*, desto besser funktionieren auch die Gespräche nach Regeln.[122]

Nachhaltig leben

Zum »rechten« Lebenserwerb und Lebensstil gehört traditionell der Verzicht auf Berufe, die Folgendes verlangen: Töten von Menschen und Tieren, der Handel mit Menschen sowie die Herstellung und der Handel mit Waffen, Alkohol bzw. Drogen und Giften. Als besonders heilsame Berufe gelten Heilen und Unterrichten, d.h. das Lernen lehren, denn das brauchen wir, wenn wir einen neuen Blick auf uns und die Welt entdecken und danach leben wollen.

Aus der Einsicht in die relative und essentielle Verbundenheit mit allem und allen folgt ein rücksichtsvoller Umgang mit der Natur und allen natürlichen Ressourcen, d.h. ein nachhaltiger Lebensstil. Es bleibt unserer Einsicht und unserem Geschick überlassen, wie wir das auf unsere heutige Lebenssituation, auf Klimawandel und Ausbeutung der Natur anwenden. Und auch dafür brauchen wir das kooperative und offene Gespräch mit anderen, denn alleine können wir gar nicht alle Probleme und Lösungsansätze erkennen und die notwendigen Konsequenzen daraus ziehen.

Wir sind nicht verantwortlich für die ganze Welt, aber dafür, unseren Beitrag zu leisten. Und dazu gehört auf jeden Fall das respektvolle Gespräch mit Menschen, denen das auch ein Anliegen ist, und auch mit denen, die aus Unwissenheit und Angst, aus Gier und Neid, aus Ohnmacht und Hass unsere schöne Erde schädigen. Wir müssen auf jeden Fall mit allen reden, und das funktioniert besser, wenn wir sie nicht als ewige Feinde behandeln, sondern in das große »Wir-alle« einschließen. Der nächste Abschnitt möchte Mut machen, über das, was uns wichtig ist, mit vielen Menschen zu sprechen.

Die Fünf-Prozent-Regel

Wenn ich mal wieder unzufrieden bin mit dem Rückbau des Sozialstaates und der Kluft zwischen Sonntagsreden und politischer Wirklichkeit oder mit dem Niveau der politischen Diskussion in der Öffentlichkeit und in meinem privaten Umfeld, tröste ich mich mit der soziologischen Fünf-Prozent-Faustregel. Sie ist der Hintergrund für die Fünf-Prozent-Klausel bei Wahlen, die besagt, dass nur diejenigen Parteien Kandidaten ins Parlament schicken können, die mindestens fünf Prozent der Wählerstimmen bekommen haben.

Übertragen auf die Durchsetzung neuer Ansätze in Politik und Gesellschaft heißt das: Es müssen sich nicht alle hochmotiviert für die von mir gewünschten Ziele einsetzen. Wenn etwa fünf Prozent der Bevölkerung sich für das Grundeinkommen oder höhere Mindestlöhne, für eine aktive Integrationspolitik oder eine andere Entwicklungshilfe, für eine gerechtere Steuerpolitik und das Eindämmen der Steuerflucht, für mehr sozialen Wohnungsbau und die Förderung des öffentlichen Nahverkehrs, für strengere Regeln in Landwirtschaft und Tierhaltung usw. interessiert, kann eine gesellschaftlich relevante Bewegung entstehen, die Einfluss auf die Gesetzgebung nehmen kann. Es reicht also aus, wenn sich fünf Prozent der Menschen in einem Bundesland für bestimmte Gemeinwohl-Interessen interessieren und konkrete Ansatzpunkte und Strategien überlegen. Und wenn die Zeit reif ist, können sie Veränderungen bewirken.

Rache, Wiedergutmachung und Verzeihen

Wie fühlen wir uns, wenn sich die anderen nicht so ethisch verhalten wie wir? Was machen wir, wenn sie uns oder andere verletzen? Was denken und fühlen wir, wenn wir davon hören, wie »böse« Menschen anderen Menschen »böse« Dinge antun? Was bewegt uns, wenn wir immer wieder bemerken, dass die Vision einer mitfühlenden und gerechten Gesellschaft viele Menschen gar nicht interessiert und sie lieber darauf aus sind, sich Vorteile für sich selbst und ihre Gruppe durch Manipulation, Kungelei, Betrug oder Gewalt zu verschaffen? Leider stelle ich immer wieder fest, dass mich wider besseres Wissen Gewaltfantasien überfallen, wenn ich davon höre, was Menschen anderen Menschen Schlimmes antun. Zum Glück bemerke ich diese Gedanken und muss sie nicht ausagieren. Es gibt drei Strategien, wie Menschen auf Verletzungen, Gewalt, Schaden usw. reagieren: Manche wollen Vergeltung und *Rache*. Manche fordern eine ehrliche *Entschuldigung* und soweit möglich eine konkrete *Wiedergutmachung*. Manche sind nach einer ehrlichen Entschuldigung oder einer konkreten Wiedergutmachung bereit und fähig, dem Schädiger zu *verzeihen*.

Was tun wir, wenn die Gegenseite nicht bereit oder fähig ist, ihr schädliches Verhalten anzuerkennen, sich zu entschuldigen oder Wiedergutmachung zu leisten? Was können wir tun? Wir können alles versuchen, was ethisch vertretbar und im Rahmen der Gesetze ist, um jemanden, der uns schweren Schaden zugefügt hat, zur Rechenschaft zu ziehen. Falls das trotz hohem Einsatz nicht möglich ist, empfiehlt der Buddhismus, diesem Menschen zu vergeben. Denn Wut und Hass, Nachtragen und Rachsucht zerstören den Frieden des Herzens. Es liegt also in unserem eigenen Interesse und es ist in gewissem Sinne eine Art »weise Selbstsucht«, wenn wir, nach einer angemessenen Zeit der Trauer, dieser Person vergeben und verzeihen.

Üben: Bemühen, Achtsamkeit und Sammlung

Der Buddha wusste, dass Menschen Gewohnheitstiere sind und am liebsten ihren alten Mustern folgen, denn das ist bequem und fällt leicht. Ob Menschen in Stammeskulturen und kollektiven Gemeinschaften regelmäßiges Üben leichter fiel als den hoch individualisierten Menschen unserer Zeit, kann ich nur vermuten. Aber ich kenne Geschichten von tibetischen Lamas, die erzählten, dass ihre Eltern überhaupt nicht begeistert waren, dass sie Mönche werden und in einem Kloster studieren wollten. Auch tibetische und indische, chinesische und japanische, thailändische oder burmesische Eltern wollten lieber, dass ihre Kinder den allgemeinen Konventionen folgen, Familien gründen, den elterlichen Betrieb, den Hof oder die Verantwortung für die Viehherden übernehmen und sich um Status und Besitz kümmern, anstatt sich für einen spirituellen Weg zu entscheiden.

Mut zur Muße

Wenn wir unsere Sicht auf die Welt und unsere Einstellung zu uns selbst und anderen zum Positiven verändern und unsere ungültigen Vorstellungen und reaktiven Emotionen erkennen und abbauen wollen, brauchen wir einen *ethischen Rahmen* und eine regelmäßige *Meditationspraxis*. Dabei müssen wir keine Wanderasketen, Yoginis oder Mönche werden und auch nicht zehn Stunden am Tag meditieren.

Wenn wir Achtsamkeit und Sammlung üben und Einsicht in die eigenen Strukturen gewinnen und sie verändern wollen, brauchen wir allerdings Zeit. Und nicht nur ein paar Minuten zwischen zwei Terminen, sondern Zeit frei von äußeren und inneren Zwängen. Und genau das ist Bedeutung von Muße, griech. *schole*, lat. *schola*. Die Herkunft unseres Begriffs Schule betont einen Aspekt, den wir in unseren Schulen und Bildungseinrichtungen längst vergessen haben. Die Schule könnte ein Ort und eine Zeit sein, frei von äußeren und inneren Zwängen, in der wir uns dem widmen, was uns am Herzen liegt, z.B. uns selbst und die Welt besser zu verstehen. Was für eine Vision von Schule! Sie inspiriert mich seit fast zwanzig Jahren, als ich von Hannah Arendt zum ersten Mal vom Lob der Muße hörte.[123]

Die einfachste und schlichteste Bedeutung von Selbsterkenntnis, die ich kenne, ist: seine Meinungen und Ansichten erkennen, über sich selbst und die anderen und die Welt. Ganz ohne Esoterik. Und das braucht Zeit. Wir brauchen auch Zeit, um die Begegnungen mit anderen Menschen, die andere Meinungen und Einstellungen zur Welt haben, zu verarbeiten. Wenn wir uns eine bessere, eine mitfühlendere und gerechtere Welt wünschen, müssen wir uns und andere und die Welt verstehen *wollen* und auch tatsächlich ein bisschen *verstehen*.

Lärmender Rückschritt

Einfühlung und Verstehen brauchen Zeit. Eine Art, unsere Zeit »totzuschlagen«, ist die Überdosis an Informationen und Nachrichten, die wir aufnehmen und vielleicht auch weitergeben. Dazu drei Überlegungen. *Erstens*: Wenn wir ständig von neuen Medien umgeben sind, die uns piepsend und brummend auf ihre Wichtigkeit hinweisen, stehen wir unterschwellig ständig unter Spannung. Biologisch sind wir darauf konditioniert, auf Geräusche zu achten, denn sie könnten uns auf eine Gefahr hinweisen. Wenn wir nun dauernd akustisch bedrängt werden, leben wir im *Urwaldmodus*: Achtung, es könnte gefährlich sein! Das fördert weder Einsicht noch Mitgefühl, noch kluges Handeln. Unter Druck und Spannung regredieren wir leider mit ältesten Mustern im Denken, Reden und Handeln.

Zweitens: Wenn wir Tag für Tag sehr viele Informationen über das Leid der ganzen Welt aufnehmen, auf die wir nicht mit klugem und hilfreichem Handeln reagieren können, entsteht ein Überdruck in uns. Da wir diesen Druck nicht konstruktiv abreagieren können, staut sich Energie und wir fühlen uns ohnmächtig, und das entlädt sich entweder in reaktiven Emotionen und sinnloser Aktivität oder in völliger Erschöpfung.

Drittens: Eigentlich versprachen sich die Menschen von der Moderne eine Entlastung von Arbeit und mehr Zeit für die wesentlichen Dinge des Lebens. Und was tun wir uns heute alles an? Wir sind unablässig beschäftigt. Scherzhaft gesagt: Früher musste nur das Personal ständig erreichbar sein.

Mein Fazit: Muße tut not, denn wir brauchen Zeit und Raum, für uns alleine und für das *entspannte* und *offene* gemeinsame Gespräch mit anderen Menschen, damit wir mit den Herausforderungen dieser Krisen- und Umbruchzeit konstruktiv umgehen lernen. Nur zusammen mit anderen finden wir Wege, um das Gemeinwohl in unserem Umfeld, in der Region und im Land und das Wohl des großen Ganzen zu fördern.

Üben, Üben, Üben

Das Herz der Übung ist die *Wiederholung*. Wir können einfache Abläufe und Aufgaben – Atmen, Gehen, ein Mantra, ein positiv besetztes Wort – viele Male wach und entspannt wiederholen und sie so in ihrer Tiefe verstehen. Und durch diese einfachen Übungen kann es gelingen, uns selbst und die Gesetze des Lebens immer besser zu verstehen.

Die Haltung bei der Übung ist freundliche oder zärtliche *Achtsamkeit*. Es geht nicht darum, den Atem, unsere Gefühle oder Gedanken zu *kontrollieren*, sondern darum, freundlich, interessiert und entspannt alle Empfindungen, Gefühle und Gedanken *wahrzunehmen*. Wir können darauf vertrauen, dass diese freundliche Achtsamkeit uns so beruhigt, dass wir die Stimme der Weisheit in uns hören. Wir brauchen dazu eine entspannte und wache Verfassung, einen entspannten Körper sowie die Fähigkeiten, Gefühle und Gedanken freundlich zu beobachten. Beobachten beruhigt, denn wir identifizieren uns dann nicht mit allen Inhalten und Mustern, die auftauchen. In dieser tiefen und wachen Entspannung hören wir die Stimme der Weisheit, die uns sagt, dass wir alle mit allen und allem verbunden sind. Und sie sagt uns auch, dass und was wir in bestimmten Situationen Sinnvolles sagen und tun können. Wir kennen die Stimme der Weisheit aus Alltagssituation, wo sie uns zuflüstert: »Die Suppe ist gut gewürzt. Der Zusammenklang der beiden Stimmen ist harmonisch. Wir halten das Gleichgewicht auf dem Fahrrad.« Wir wissen, wann sich eine Situation, ein Verstehen, eine Lösung, eine These stimmig anfühlt.

Einige Varianten dieses Gefühls von Stimmigkeit kennen wir sehr gut, nämlich in den Bereichen, in denen wir uns durch langjährige Erfahrung kompetent fühlen. Dieses Gefühl von Stimmigkeit brauchen wir auch im Gespräch mit Menschen über die gemeinsame Welt. Und regelmäßiges Innehalten mit einfachen

Übungen trägt dazu bei, dass wir die Stimme der Weisheit hören lernen und uns mehr und mehr vom Gefühl der Stimmigkeit leiten lassen.

Sammlung ist die Fähigkeit, sich auf eine Situation ganz einzulassen. Ich habe darüber im Kontext der vier Dimensionen des Glücks (siehe Kapitel 2, S. 133ff.) gesprochen. Dort geht es um die Fähigkeit zur Hingabe an ein Tun, um die Fähigkeit zur Präsenz, um die wunderbare Fähigkeit, Energie nicht zu zerstreuen, sondern auszurichten. Und je mehr uns etwas am Herzen liegt, desto leichter fällt uns die Ausrichtung darauf. Und umso tiefer können wir das verstehen. Sammlung, Hingabe und Verstehen gehören zusammen.

Bodhisattvas geben nie auf

Ich möchte noch einmal auf die Bodhisattvas eingehen, auf die Heldinnen und Vorbilder des Mahayana-Buddhismus. Manchmal werden Sie als unerreichbare Heilige oder mächtige Zauberer beschrieben, manchmal als verrückte Yoginis oder provokante Yogis, aber das sind nicht die Bilder, die mich inspirieren. Mich inspiriert vor allem die Aussage: »Bodhisattvas geben nie auf.« Nichts und niemanden. Sie bleiben am Ball, was auch geschieht.[124]

Bodhisattvas ruhen sich aus, wenn sie viel getan haben, und sie gewinnen ihre Kraft aus der Freude am heilsamen Tun. Sie ziehen sich zurück, wenn ihre Gesellschaft nicht gewünscht wird oder überflüssig ist, und sie sind da, wenn sie glauben, dass es sinnvoll und hilfreich ist. In der Zen-Tradition orientieren sie sich vor allem an fünf Regeln, die mich Tag für Tag inspirieren, auch wenn ich sie nicht immer leben kann. Ich stelle sie Ihnen gleich vor und formuliere sie etwas um, damit Sie leichter Zugang dazu finden.[125]

Bodhisattvas sind getragen von einer Zuversicht, die uns den Atem nimmt und die Sprache verschlägt. Sie beruht auf unerschütterlichem Vertrauen in das große Ganze, das Buddhisten Buddha-Natur und Christen Gott nennen. Der katholische Philosoph Josef Pieper nennt es Hoffnung.[126] Mit dieser Haltung nehmen wir weder die Erfüllung – die Erlösung, das Reich Gottes oder das Erwachen – vorweg, denn das wäre Hybris und naiver Optimismus, noch die Nichterfüllung – die Katastrophe, das Scheitern, die ewiges Verdammnis, das endlose Kreisen in Samsara –, denn das würde zu Ohnmacht und Verzweiflung führen. Stattdessen rechnen wir mit Schwierigkeiten, bleiben voller Zuversicht und tun unser

Bestes. Bodhisattvas leben und handeln aus unerschütterlichem Vertrauen und wissen jenseits von Worten und Strategien: Es kann auch gut gehen.

Die fünf Hauptübungen der Bodhisattvas[127]
Ich bemühe mich nach besten Kräften:
Nicht von den Fehlern anderer zu sprechen,
sondern verständnisvoll und liebevoll zu sein.
Mich nicht selbst zu loben, indem ich andere herabsetze,
sondern meine eigene Unzulänglichkeit zu überwinden.
Nicht geizig zu sein,
sondern großzügig geistige und materielle Hilfe zu gewähren.
Ärger und Wut nicht an anderen abzureagieren,
sondern Herz und Geist durch regelmäßige Meditation zu beruhigen und zu klären.
Mein Vertrauen in die Möglichkeit des Erwachens, in den Weg und die Menschen,
die mich begleiten, nicht zu beschädigen,
sondern es Tag für Tag zu pflegen und zu nähren.

Zehn Übungen

Zum Abschluss dieses Kapitels möchte ich Ihnen einige Grundübungen vorstellen, die Sie bei Bedarf in Ihr Leben einbauen können. Lesen Sie sich die folgenden Seiten durch und machen Sie die Übungen, die Sie inspirieren, einige Male. Sie können zwei oder drei Mal die Woche jeweils eine praktizieren. Falls Sie zu den Menschen gehören, die gerne systematisch vorgehen, machen Sie die Übungen nacheinander und schauen Sie, was Sie in Ihnen bewirken. Sie können eine Übung, die Ihnen zusagt, auch häufiger machen. Sie werden das Zusammenspiel von Ansichten und Einstellungen, eigener Verfassung und Erwartungen an sich und andere und Ihre eingefahrenen Muster und reaktiven Emotionen deutlicher sehen und erkennen, dass diese oft eine größere Rolle spielen als die äußeren Bedingungen. Das reduziert das Gefühl von Ohnmacht und allein das tut gut. Weitere Übungen finden Sie in meinen Büchern, und es gibt auch Mitschnitte von angeleiteten Übungen auf CD.[128]

Nehmen Sie sich für jede Übung genügende Zeit, sodass Sie hinterher nicht sofort aufspringen und etwas erledigen müssen. Setzen Sie sich bequem hin, auf den Boden, auf einen Stuhl oder aufs Sofa. Achten Sie darauf, dass Sie stabil und entspannt und einigermaßen aufrecht sitzen. Richten Sie Ihre Aufmerksamkeit zu Beginn fünf Atemzüge lang auf den natürlichen Atemrhythmus, ohne ihn zu verändern. Lesen Sie sich dann eine der Übungen durch und nehmen Sie wahr, was die Vorschläge und Fragen in Ihnen auslösen. Bringen Sie die Übung am Schluss auf den Punkt mit der Frage: Was ist mir aufgefallen? Was hat mich besonders berührt? Was ist angekommen? Lassen Sie das, was als Antwort aufsteigt – ein Bild, ein Satz oder ein Schlüsselwort – ein paar Momente lang auf sich wirken. Bleiben Sie am Schluss noch ein paar Momente still sitzen und lassen Sie die Gedanken frei schweifen. Bei Bedarf können Sie sich danach ein paar Notizen zu Ihren Einsichten in einem eigens für diese Zwecke reservierten Meditationstagebuch machen.

Aufhänger, Stimmung, Hintergrund

Denken Sie an eine kleine Situation, in der Sie sich über jemanden geärgert haben. Dann fragen Sie sich: Was war der Aufhänger oder Auslöser für diesen Ärger? Ein Verhalten, eine Aussage, der Ton einer Aussage? Und weiter: Was haben Sie selbst in die Situation mitgebracht? In welcher Stimmung oder Verfassung waren Sie unmittelbar davor? Neutral, entspannt und guter Dinge oder müde und genervt? Was haben Sie erwartet? Von der anderen Person? Von sich selbst? Welches emotionale Muster wurde aktiviert? Kennen Sie das aus ähnlichen Situationen? Eine Variante dieser Frage ist: Wie alt sind Sie emotional, wenn Sie so reagieren?

Jetzt spielen Sie ein bisschen mit den Bedingungen. Spielen Sie die Situation noch einmal mit leicht veränderten Bedingungen durch: Die Person ist eine gute Freundin. Sie sind entspannt. Sie fahren Ihre Erwartungen etwas herunter …

Umgehen mit schwierigen Gefühlen

Denken Sie an eine kleine Situation, die Sie irritiert oder verletzt hat. Formulieren Sie das Problem in einem Satz: »Du nervst. Ich bin sauer. Das ist ungerecht. Etc.« Fragen Sie sich dann: »Welches primäre Gefühl steht dahinter?« Primäre Gefühle sind die, die Sie selbst empfinden, wie z.B.: »Ich fühle mich einsam, ohnmächtig, wütend oder traurig.« Sekundäre Gefühle argumentieren mit Schuldzuweisungen, wie z.B.: »Du unterdrückst mich. Du bist schuld. Du lässt mir keinen Raum. Du siehst mich nicht.«

Fragen Sie sich dann: »Wo spüre ich das Gefühl im Körper?« Bleiben Sie ein paar Minuten mit Ihrer Aufmerksamkeit bei der Körperempfindung und der Wut, Trauer o.Ä. Dann fragen Sie das Gefühl: »Was brauchst du?« Hören Sie genau zu, was es Ihnen sagt: »Raum. Erlaubnis. Gehörtwerden« usw. Geben Sie dann dem Gefühl alles, was es braucht, in ausreichender Menge.

Im nächsten Schritt sagen Sie sich: »Das ist ein Gefühl unter vielen, die ich jeden Tag spüre.« Zum Abschluss fragen Sie sich: »Welche Sehnsucht steht hinter diesem Gefühl? Eine heile Welt? Die Sehnsucht nach bedingungsloser Liebe, Akzeptanz, Wertschätzung durch andere?« Was auch immer Sie hören, nehmen Sie es freundlich zur Kenntnis.

Getrennt und verbunden

Wir sind existentiell getrennt und verschieden und aus christlicher und buddhistischer Sicht gleichzeitig essentiell verbunden. Können Sie das nachvollziehen? Was fühlen Sie, wenn Sie denken: »Ich bin mit allen und allem verbunden. Ich bin ein Teil des großen Ganzen und kann nie herausfallen«?

Mit welchen Menschen und Menschengruppen fühlen Sie sich spontan und im Allgemeinen verbunden? Fühlen Sie sich auch mit Tieren und der Natur verbunden? Kennen Sie ein umfassendes »Wir«-Gefühl, das niemanden ausschließt? Selten? Häufig? Wann haben Sie das zum ersten Mal erlebt? Was hat dazu beigetragen?

Welche Menschen schließen Sie ein in Ihr »Wir«-Gefühl? Wen schließen Sie aus? Die Bösen? Die Gewalttätigen? Die Kriegstreiber? Welche Wirkung hat das auf Ihre Einstellung diesen Menschen gegenüber?

Können Sie sich eine Weltsicht vorstellen, bei der alle Menschen »dazugehören«? Was bedeutet das konkret? Wie könnte sich das auf Ihre Einstellung zu allen und allem auswirken?

Mut zur Muße

Nehmen Sie sich eine halbe Stunde Zeit und notieren Sie, wie viel Zeit am Tag (in der Woche, im Monate, im Jahr) mit bestimmten Aufgaben verplant ist und wie oft Sie nichts Bestimmtes tun *müssen*. Was tun Sie in dieser Zeit? Unerledigtes abarbeiten? Lesen? Telefonieren? Das, was Sie inspiriert und aufbaut?

Wie könnte ein Tag (eine Woche) aussehen, an dem das Verhältnis von Pflichten und »Nicht-Müssen« für Sie stimmt?

Kennen Sie Zeiten der Muße, die frei sind von äußeren und inneren Zwängen, welche Ihnen sagen, wie Sie Ihre Zeit effektiv nutzen sollten? Vielleicht hilft Ihnen das Nachdenken über Ihre Sterblichkeit (siehe die Übung »Der Tod als Ratgeber«, S. 148), mehr das zu tun, was Ihnen am Herzen liegt, und weniger Zeit mit nebensächlichen Zerstreuungen zu verbringen.

Vier Übungen zum Leiden

Sie können an dieser Stelle die vier Übungen »Die Vier Aufgaben – für mich persönlich«, »Natürliches Leiden«, »Was ist mir wirklich wichtig?« und »Der Tod als Ratgeber – Prioritäten klären« noch einmal wiederholen (siehe S. 147f.).

Die Goldene Regel

»Was du nicht willst, dass man dir tu, das füg' auch keinem andern zu.« Falls Sie die Goldene Regel für hilfreich halten, fragen Sie sich: Was bedeutet sie für mich? Was will ich nicht erleben? Vermeide ich dieses Verhalten anderen gegenüber? Was will ich gerne erleben? Verhalte ich mich so anderen gegenüber? In welchen Fällen verstoße ich gegen die Goldene Regel? Aus welchen Gründen?

Die fünf Silas

Die fünf Silas zu üben bedeutet, dass wir uns bemühen, folgende Handlungen zu vermeiden: töten, stehlen, lügen, Schaden zufügen durch sexuelles Verhalten und den Geist durch Drogen und Alkohol trüben. Stattdessen bemühen wir uns darum, Leben zu schützen, großzügig und einfach zu leben, die Wahrheit zu sagen, Beziehungen zu achten und den Geist durch Meditation zu klären.

Welche dieser Übungen halten Sie für sinnvoll? Was davon üben Sie bereits? Was halten Sie nicht für sinnvoll und tun es daher nicht?

Welche ethischen Regeln haben Ihre Eltern vorgelebt? Welche nicht? Welche ethischen Regeln leben Ihre nahen Bekannten? Welche nicht? Wie wirkt das auf Sie?

Konstruktive Rede

Welche der folgenden Übungen finden Sie sinnvoll und hilfreich und an welchen orientieren Sie sich bereits?

Wir bemühen uns, folgendes Verhalten zu vermeiden: lügen, verletzen, verleumden und dummes sinnloses Geschwätz. Wir bemühen uns stattdessen, nur das zu sagen, von dem wir wissen, dass es wahr ist, andere durch unsere Worte zu inspirieren, sie bei Streit zu versöhnen und nur das Notwendige und Sinnvolle zu sagen. Und dazu gehört nach meiner Ansicht: nicht nur selbst zu reden, sondern auch andere reden zu lassen und genau zuzuhören, was sie zu sagen haben.

Nachhaltig leben

Womit verdienen Sie Ihr Geld? Fördert Ihr Beruf Mitgefühl und Gerechtigkeitsempfinden? Welche Eigenschaften fördert Ihre Berufstätigkeit und welche blockiert sie? Welche guten Eigenschaften werden durch Ihren Beruf gefördert und welche blockiert?

Welche Folgen hat Ihr Lebensstil für Klima, Umwelt und Gemeinwohl? Wie groß ist Ihr ökologischer Fußabdruck? Was können Sie ab heute tun, um das Gemeinwohl zu fördern?

Vergeben und verzeihen

Probieren Sie diese Übung nur aus, wenn Sie entspannt und in einer freundlichen Stimmung sind. Denken Sie daran, dass Hass und Rachsucht das Leben vergiften und das Vergeben und Verzeihen vor allem Sie selbst entlastet.

Wem wollen Sie vergeben, bevor Sie sterben?

Wen wollen Sie um Verzeihung bitten?

Was wollen Sie sich selbst verzeihen?

Nachwort

Es kann auch gut gehen.

Wir haben Ihnen in diesem Buch Überlegungen aus Psychologie, Mythologie und Märchenkunde, aus Philosophie und Buddhismus vorgestellt, die wir hilfreich finden. Sie machen uns seit vielen Jahren Mut, uns für mehr Mitgefühl und Gerechtigkeit einzusetzen, auch wenn das nicht einfach ist, es Rückschläge gibt und auch wir immer wieder an unseren Ansprüchen scheitern. Psychotherapeutische und mythologische, politische und religiöse Ansätze und »Landkarten« können uns inspirieren und als Orientierung dienen, aber wir bleiben Menschen mit biografischen und kulturellen Mustern und Grenzen. Wir sind aber zuversichtlich, dass wir lernen können, mit dem Paradox der Gleichheit und Verschiedenheit zu leben und Widersprüche und Spannungen auszuhalten. Wir vertrauen darauf, dass wir immer wieder als Einzelne und gemeinsam Wege finden, wie wir trotz unserer Unterschiedlichkeit und Unvollkommenheit miteinander gut genug leben können.

Uns beide inspiriert die Bodhisattva-Idee, nämlich mit Klarheit, Wohlwollen und Mut das Auf und Ab des Lebens wahr- und ernst zu nehmen, das Schwierige nicht zu beschönigen und das Wunderbare nicht für selbstverständlich zu halten oder zu übersehen und mit Zuversicht, Geduld und viel Humor unser Bestes zu geben. Wir bitten Sie, setzen Sie sich für möglichst viel Gerechtigkeit in Ihrem Umfeld ein, und nutzen Sie Ihren Einfluss auf andere. Und bleiben Sie mitfühlend mit sich selbst und anderen, wenn es häufig nicht so gelingt, wie Sie sich das vorstellen. Rechnen Sie mit Schwierigkeiten und Problemen, und bleiben Sie zuversichtlich, denn es kann auch gut gehen.

Köln und Ludwigsfelde im Frühling 2017
Luise Reddemann und Sylvia Wetzel

Anhang

Anmerkungen

1 DGB: Globale Ungleichheit verschärft sich. In: klartext 4/2017. http://www.dgb.de/themen/++co++cb5619ca-e473-11e6-af1a-525400e5a74a [leicht gekürzt; Zugriff: 17.1.2017].
2 Vgl. Fromm, Erich: Psychoanalyse und Religion. Diana, Konstanz 1966.
3 Vgl. Kessler, Wolfgang: Gefährlicher Egoismus. In: Publik Forum 21/2016, 4.11.2016, S. 12f.
4 Hinsch, Wilfried: Die gerechte Gesellschaft. Eine philosophische Orientierung. Reclam, Stuttgart 2016.
5 Vgl. Benhabib, Seyla: Selbst im Kontext. Kommunikative Ethik im Spannungsfeld von Feminismus, Kommunitarismus und Postmoderne. Suhrkamp, Frankfurt a.M. 1995.
6 Vgl. ebd., S. 166f.
7 Vgl. Montada, Leo: Gerechtigkeitsmotiv und Eigeninteresse. In: Zeitschrift für Erziehungswissenschaft 1/1998 (3), S. 413–430.
8 Kleist, Heinrich von: Michael Kohlhaas. 3. Auflage. S. Fischer, Frankfurt a.M. 2008.
9 Vgl. Benhabib, Selbst im Kontext, S. 18.
10 Vgl. ebd., S. 125.
11 Vgl. Tarneden, Rudi: Faire Chance für alle Kinder? In: Unicef, veröffentlicht am 14.04.2016. https://www.unicef.de/informieren/blog/2016/faire-chance-fuer-alle-kinder/110192 [Zugriff: 24.3.2017].
12 Liebel, Manfred: Kinder und Gerechtigkeit. Beltz Juventa, Weinheim/Basel 2013.
13 Vgl. ebd., S. 16.
14 Ebd., S. 21.
15 Häbel, Hannelore. Rezension vom 7.3.2014 zu: Manfred Liebel: Kinder und Gerechtigkeit. Über Kinderrechte neu nachdenken. Beltz Juventa, Weinheim/Basel 2013. In: socialnet Rezensionen. https://www.socialnet.de/rezensionen/14426.php [Zugriff: 3.12.2016].
16 Alt, Katrin: »Ist das gerecht?« Mit Kindern über Gerechtigkeit philosophieren. In: klein&groß 02-03/2013. http://www.fb12.uni-bremen.de/fileadmin/Arbeitsgebiete/deutsch/Werke/alt_gerecht.pdf [Zugriff: 15.5.2016].
17 Petri, Horst: Geschwister – Liebe und Rivalität. Die längste Beziehung unseres Lebens. Kreuz, Freiburg i. Br. 2012, S. 134.
18 Ebd.

19 Vgl. ebd., S. 152.

20 Vgl. ebd., S. 199.

21 http://www.ev-akademie-boll.de/tagungen/details/510406.pdf.

22 Kutzbach, Carl-Josef: Erzähl mir von Freiheit und Gerechtigkeit. Eine Tagung in Bad Boll über Märchen und Menschenrechte. In: Deutschlandfunk, 25.05.2006. http://www.deutschlandfunk.de/erzaehl-mir-von-freiheit-und-gerechtigkeit.1148.de.html?dram:article_id=179862 [Zugriff: 13.9.2016].

23 Vgl. Märchen aus Benin. Märchensammlung. SONAFA, Schorndorf o.J. http://www.sonafa.de/maerchensammlung.html [Zugriff: 3.1.2017].

24 Vgl. Bloom, Paul: Jedes Kind kennt Gut und Böse. Wie das Gewissen entsteht. Pattloch, München 2013.

25 Fromm, Erich: Die moralische Verantwortung des modernen Menschen. In: ders.: Gesamtausgabe in zehn Bänden. Band 9: Sozialistischer Humanismus und humanistische Ethik. DVA, Stuttgart 1981, S. 319.

26 Zingerle, Ignaz / Zingerle, Joseph: Kinder- und Hausmärchen aus Süddeutschland (Regensburg 1854). Nachdruck. Borowsky, München 1980.

27 Aus: *Volksmärchen der Serben.* Nebst einem Anhang von mehr als 1.000 serbischen Sprichwörtern. Gesammelt und hg. von Wuk Stephanowitsch Karadschitsch. Ins Deutsche übersetzt von dessen Tochter Wilhelmine. Mit einer Vorrede von Jacob Grimm. G. Reimer, Berlin 1854. Das Märchen ist im Internet zu finden unter: http://maerchenbasar.de/klassische-maerchen/suedosteuropa/jugoslawien/3289-gerechtigkeit-und-ungerechtigkeit.html [Zugriff: 13.10.2016].

28 Maes, Jürgen: Psychologische Überlegungen zu Rache. In: Berichte der Arbeitsgruppe »Verantwortung, Gerechtigkeit, Moral« 76/1994. http://psydok.psycharchives.de/jspui/handle/20.500.11780/397 [Zugriff: 13.10.2016].

29 Das Wasser des Lebens. In: Grimm, Jacob und Wilhelm: Die schönsten Kinder- und Hausmärchen. Hille und Partner, Hamburg o.J. http://gutenberg.spiegel.de/buch/-6248/26 [Zugriff: 13.1.2016].

30 Zitzlsperger, Helga: Märchenhafte Wirklichkeit. Eine Märchenkunde mit vielen Gestaltungsvorschlägen. Beltz, Weinheim 2017.

31 Zitzlsperger, Helga: Über das Gerechtigkeitsempfinden von Kindern und Jugendlichen beim Hören von Märchen. In: Lox, Hartlinda / Lutkat, Sabine / Kluge, Dietrich (Hg.): Dunkle Mächte im Märchen und was sie bannt. Recht und Gerechtigkeit im Märchen. Forschungsbeiträge aus der Welt der Märchen, im Auftrag der Europäischen Märchengesellschaft. Königsfurt-Urania, Kiel 2007, S. 146.

32 Ebd., S.154.

33 Vgl. ebd., S.154.

34 Fromm, Erich: Die Liebe zum Toten und die Liebe zum Lebendigen. In: ders.: Die Seele des Menschen. Ihre Fähigkeit zum Guten und zum Bösen. DVA, Stuttgart 1979, S. 48.

35 Ebd., S. 49.

36 Vgl. ebd., S. 41ff.
37 Ebd., S. 49.
38 Vgl. ebd., S. 50.
39 Liedloff, Jean: Auf der Suche nach dem verlorenen Glück. Gegen die Zerstörung unserer Glücksfähigkeit in der frühen Kindheit. C.H. Beck, München 2005.
40 Vgl. http://www.ev-kirchengemeinde-heiningen.de/fileadmin/mediapool/gemeinden/KG_heiningen/Predigten-Texte/Lebensb_MLKing.pdf.
41 Fromm, Erich: Die Kunst des Liebens. In: ders.: Gesamtausgabe in zehn Bänden. Band 9: Sozialistischer Humanismus und humanistische Ethik. DVA, Stuttgart 1981, S. 439–518.
42 Vgl. ebd., S. 455ff.
43 Judt, Tony: Dem Land geht es schlecht. Ein Traktat über unsere Unzufriedenheit. Hanser, München 2011.
44 Ebd., S. 20.
45 Vgl. ebd., S. 27.
46 Vgl. ebd., S. 43f.
47 Vgl. ebd., S. 76.
48 Baumann, Zygmunt: »Nationalismus ist ein Ersatz«. Spiegel-Gespräch. In: Der Spiegel 36/2016, 3.9.2016, S. 125.
49 Vgl. Judt, Dem Land geht es schlecht, S. 94.
50 Vgl. ebd., S. 148.
51 Ebd., S. 175.
52 Vgl. Politikerin wirft Berliner Senator Henkel Sexismus vor. In: Zeit Online. 23.9.2016. http://www.zeit.de/politik/deutschland/2016-09/cdu-frank-henkel-sexismus-vorwuerfe [Zugriff: 8.10.2016].
53 Vgl. Roster, Danielle: Die großen Komponistinnen. Insel, Frankfurt a.M. 1998, S. 306.
54 Zitiert in: Roster, Die großen Komponistinnen, S. 26.
55 Zitiert in: ebd., S. 144.
56 Benhabib, Selbst im Kontext, S. 170.
57 Zitiert in: Roster, Die großen Komponistinnen, S. 204.
58 Zitiert in: ebd., S. 204f. [Hervorhebung: L. R.]
59 Zitiert in: ebd., S. 211.
60 Zitiert in: ebd., S. 211.
61 Schumann, Clara: Brief an Johannes Brahms vom 15. Oktober 1868. http://mugi.hfmt-hamburg.de/artikel/Clara_Schumann [Zugriff: 2.11.2016].
62 Vgl. Weltärztebund / World Medical Association, WMA: Handbuch der ärztlichen Ethik. o.O. 2005. http://www.bundesaerztekammer.de/fileadmin/user_upload/downloads/WMA_aerztliche_Ethik.pdf [Zugriff: 22.5.2017].
63 Nyima Rinpoche, Chökyi / Shlim, David R.: Medizin und Mitgefühl. Arbor, Freiburg i. Br. 2006, S. 54.
64 Vgl. Grossman, Paul / Reddemann, Luise: Achtsamkeit. Wahrnehmen ohne Urteilen – oder ein Weg, Ethik in der Psychotherapie zu verkörpern? In: Psychotherapeut 61/2016 (3). doi: 10.1007/s00278-016-0097-0.

65 Tischner, Heinrich: Etymologie. »barmherzig, erbarmen«. heinrich-tischner.de, Bensheim 2005. http://www.heinrich-tischner.de/22-sp/2wo/wort/idg/deutsch/b/barm.htm [Zugriff: 3.1.2017].
66 Kierkegaard, Søren: Der Liebe Tun. Etliche christliche Erwägungen in Form von Reden. Diederichs, Köln 1966, S. 359.
67 Steinkamp, Hermann: Compassion als diakonische Basiskompetenz. In: Herrmann, Volker (Hg.): Diakonische Bildung. Arbeitspapiere aus der Evangelischen Fachhochschule Darmstadt 10/2008, S. 25–36. https://www.eh-darmstadt.de/fileadmin/user_upload/PDFs/Forschung/Arbeitspapier_Nr_10.pdf [Zugriff: 2.11.2016].
68 Vgl. Grossman/Reddemann, Achtsamkeit.
69 Lown, Bernard: Die verlorene Kunst des Heilens. Anstiftung zum Umdenken. Schattauer, Stuttgart / New York 2002 (englische Originalausgabe: The Lost Art of Healing. Practicing Compassion in Medicine. Ballantine, New York 1999).
70 Steinkamp, Compassion, S. 26.
71 Richter, Horst Eberhard: Lernziel Solidarität. Rowohlt, Reinbek bei Hamburg 1974.
72 Steinkamp, Compassion, S. 27.
73 Ebd., S. 33.
74 Ebd., S. 34.
75 Ebd., 36.
76 Scharfetter, Christian: Eros therapeutikos. Liebe und Ethik in der Therapie. In: Psychotherapie, Psychosomatik und medizinische Psychologie 43, 1993, S. 254–261.
77 Maio, Giovanni: Den kranken Menschen verstehen. Für eine Medizin der Zuwendung. Herder, Freiburg i. Br. 2016.
78 Vgl. Marckmann, Georg / Jox, Ralf J.: Ethik in der Medizin. Ethische Grundlagen medizinischer Behandlungsentscheidungen – Auftaktartikel zur Serie. In: Bayerisches Ärzteblatt 9/2013, S. 445. http://www.bayerisches-aerzteblatt.de/fileadmin/aerzteblatt/ausgaben/2013/09/einzelpdf/BAB_9_2013_442_445.pdf [Zugriff: 27.3.2017].
79 Sinclair, S. / Russell, L. B. / Hack, T. F. / Kondejewski, J. / Sawatzky, R.: Measuring Compassion in Healthcare. A Comprehensive and Critical Review. In: Patient 19, Nov 2016. doi: 10.1007/s40271-016-0209-5.
80 Maio, Den kranken Menschen verstehen, S. 12f.
81 Vgl. Reddemann, Luise: Imagination als heilende Kraft. Ressourcen und Mitgefühl in der Behandlung von Traumafolgen (Leben lernen). 19. Aufl. Klett-Cotta, Stuttgart 2016.
82 Vgl. Erdheim, Mario: Die gesellschaftliche Produktion von Unbewußtheit. Eine Einführung in den ethnopsychoanalytischen Prozeß. Suhrkamp, Frankfurt a.M. 1984.
83 Gruen, Arno. Der Verlust des Mitgefühls. Über die Politik der Gleichgültigkeit. 11. Aufl. dtv, München 2016.
84 Ebd., S.12.

85 Vgl. Kienbaum, Jutta: Entwicklungsbedingungen von Mitgefühl in der Kindheit. In: Gestalt Theory 36.2, 2014, S. 117–128.
86 Vgl. Vogt, Elke / Vogt, Jochen: Und höre nur, wie bös er war. Randbemerkungen zu einem Klassiker für Kinder. In: Richter, Dieter / Vogt, Jochen (Hg.): Die heimlichen Erzieher. Kinderbücher und politisches Lernen. Rowohlt, Reinbek bei Hamburg 1974.
87 Sinclair et al., Measuring Compassion in Healthcare.
88 Vgl. den in Kapitel 1, S. 43, zitierten Satz Fromms: »Letzten Endes verstehe ich unter Ungerechtigkeit eine gesellschaftliche Situation, in welcher der Mensch nicht Selbstzweck ist, sondern zum Mittel wird, damit andere ihr Ziel erreichen.«
89 Thomése, P. F.: Schattenkind. Berlin-Verlag, Berlin 2004.
90 Gruen, Der Verlust des Mitgefühls, S. 11.
91 Levine, Stephen: Sein lassen. Heilung im Leben und im Sterben. Kamphausen, Bielefeld 1997.
92 Rösing, Ina: Der verwundete Heiler. Kritische Analyse einer Metapher. Asanger, Kröning 2007.
93 Vgl. Benhabib, Selbst im Kontext.
94 Vgl. Tsomo, Karma Lekshe: Töchter des Buddha. Leben und Alltag spiritueller Frauen im Buddhismus heute. Diederichs, München 1991.
95 Arendt, Hannah: Vita activa oder Vom tätigen Leben. Piper, München 2002.
96 Comte-Sponville, André: Ermutigung zum unzeitgemäßen Leben. Ein kleines Brevier der Tugenden und Werte. 3. Aufl. Rowohlt, Reinbek bei Hamburg 2014.
97 Mason, John: Postkapitalismus. Grundrisse einer kommenden Ökonomie. Suhrkamp, Berlin 2015.
98 Vgl. Comte-Sponville, André: Kann Kapitalismus moralisch sein? 2. Auflage. Diogenes, Zürich 2011.
99 Turner, Victor: Das Ritual. Struktur und Anti-Struktur. Campus, Frankfurt a.M. 2005.
100 Nussbaum, Martha C.: Gerechtigkeit oder Das gute Leben. Suhrkamp, Berlin 1999.
101 Vgl. ebd., S. 56–57.
102 Vgl. Armstrong, Karen: Die Achsenzeit. Vom Ursprung der Weltreligionen. Siedler, München 2006; Jaspers, Karl: Einführung in die Philosophie. Zwölf Radiovorträge. Piper, München 1971.
103 Vgl. Bauschke, Martin: Die Goldene Regel. Staunen – Verstehen – Handeln. ebv, Berlin 2010.
104 Haidt, Jonathan: The Righteous Mind. Why Good People Are Divided by Politics and Religion. Pantheon Books, New York City 2012.
105 Vgl. Wetzel, Sylvia: Das Herz des Lotos. Frauen und Buddhismus. Neuausgabe. edition steinrich, Berlin 2010.
106 Vgl. Khanna, Parag: Wie man die Welt regiert. Eine neue Diplomatie in Zeiten der Verunsicherung. Berlin-Verlag, Berlin 2011.
107 Vgl. Tillich, Paul: Gesammelte Werke (GW). Bd. 3. Evangelisches Verlagswerk, Stuttgart 1959, S. 27–40.

108 Vgl. Ders., Gesammelte Werke (GW). Bd. 6. Evangelisches Verlagswerk, Stuttgart 1959, S. 157–210.
109 Vgl. Zotz, Volker: Auf den glückseligen Inseln. Buddhismus in der deutschen Kultur. Theseus, Berlin 2000.
110 Vgl. Ders.: Buddha. Rowohlt, Reinbek bei Hamburg 1991.
111 Pieper, Josef: Über die Hoffnung. Topos, Kevelaer 2014.
112 Vgl. Staemmler, Frank M.: Das Geheimnis des Anderen – Empathie in der Psychotherapie. Wie Therapeuten und Klienten einander verstehen. Klett-Cotta, Stuttgart 2009; Wetzel, Sylvia: Achtsamkeit und Mitgefühl. Klett-Cotta, Stuttgart 2014.
113 Vgl. Ayya Khema, Die vier Ebenen des Glücks. Die Anweisungen des Buddha zum Glücklichsein. Jhana, Oy-Mittelberg 1997; Wetzel, Sylvia: Vertrauen. Finden, was uns wirklich trägt. Scorpio, München 2015.
114 Vgl. Arendt, Hannah: Vita activa oder Vom tätigen Leben. Piper, München 2002.
115 Vgl. Okumura, Shohaku: Die Verwirklichung der Wirklichkeit. »Genjokoan« – der Schlüssel zu Dogen-Zenjis Shobogenzo. Kristkeitz, Heidelberg 2014.
116 Vgl. Wetzel: Achtsamkeit und Mitgefühl.
117 Vgl. Ayya Khema: Die vier Ebenen des Glücks.
118 Comte-Sponville: Ermutigung zum unzeitgemäßen Leben.
119 Vgl. Batchelor, Stephen: After Buddhism. Rethinking the Dharma for a Secular Age. Yale University Press, New Haven / London 2015.
120 Vgl. Wetzel, Sylvia: Leichter leben. 2. Aufl. Lehmanns Media, Leipzig 2013.
121 Vgl. Armstrong, Karen: Die Botschaft. Der Weg zu Frieden, Gerechtigkeit und Mitgefühl. Pattloch, München 2012; Roth, Gerhard: Aus Sicht des Gehirns. 4. Aufl. Vollst. überarb. Neuaufl. Suhrkamp, Frankfurt a. M. 2015.
122 Vgl. Wetzel, Sylvia: Worte wirken Wunder. 2. Aufl. Lehrmanns Media, Leipzig 2017
123 Vgl. Arendt: Vita activa oder Vom tätigen Leben.
124 Vgl. Wetzel, Sylvia: Frei und Verbunden. Der Weg der Bodhisattvas. Ein Kommentar zu den sechs Paramitas. edition tara libre, Ludwigsfelde 2012.
125 Vgl. Aitken Roshi: Ethik des Zen. Diederichs, München 1989.
126 Vgl. Pieper, Josef: Hoffnung und Geschichte. Der Mensch und seine Zukunft. Topos, Kevelaer 2014.
127 Vgl. Aitken Roshi: Ethik des Zen.
128 Vgl. meine Bücher in der Literaturliste, außerdem meine Schriften, Bücher und CDs im Selbstverlag *edition tara libre*. www.sylvia-wetzel.de.

Literaturverzeichnis von Luise Reddemann

Alt, Katrin: »Ist das gerecht?« Mit Kindern über Gerechtigkeit philosophieren. In: klein&groß 02-03/2013. http://www.fb12.uni-bremen.de/fileadmin/Arbeitsgebiete/deutsch/Werke/alt_gerecht.pdf [Zugriff: 15.5.2016].

Ausländer, Rose: Ich höre das Herz des Oleanders. Gedichte 1977–1979. S. Fischer, Frankfurt a. M. 1984.

Baumann, Zygmunt: »Nationalismus ist ein Ersatz«. Spiegel-Gespräch. In: Der Spiegel 36/2016, 3.9.2016, S. 122–125.

Benhabib, Seyla: Selbst im Kontext. Kommunikative Ethik im Spannungsfeld von Feminismus, Kommunitarismus und Postmoderne. Suhrkamp, Frankfurt a. M. 1995.

Bielefeldt, Dr. Heiner: Freiheit, Gleichheit und Solidarität in den Menschenrechten. Vortrag und Diskussion. Ein Beitrag aus der Tagung der evangelischen Akademie Bad Boll: Märchen und Menschenrechte in Bad Boll, 24. bis 25. Mai 2006. http://www.ev-akademie-boll.de/fileadmin/res/otg/510406-Bielefeldt.pdf [Zugriff: 13.9.2016].

Bloom, Paul: Jedes Kind kennt Gut und Böse. Wie das Gewissen entsteht. Pattloch, München 2013.

Das Wasser des Lebens. In: Grimm, Jacob und Wilhelm: Die schönsten Kinder- und Hausmärchen. Hille und Partner, Hamburg o.J. http://gutenberg.spiegel.de/buch/-6248/26 [Zugriff: 13.1.2016].

Erdheim, Mario: Die gesellschaftliche Produktion von Unbewußtheit. Eine Einführung in den ethnopsychoanalytischen Prozeß. Suhrkamp, Frankfurt a. M. 1984.

Fox, Matthew: Mitfühlen, Mitdenken, Mitfreuen. Compassion – Die neue Verantwortlichkeit des Menschen an der Schwelle zum 3. Jahrtausend. Scherz, Bern u.a. 1994 (englische Originalausgabe: A Spirituality Named Compassion and the Healing of the Global Village, Humpty Dumpty, and Us. Winston Press, Minneapolis 1979).

Fromm, Erich: Die Kunst des Liebens. In: ders.: Gesamtausgabe in zehn Bänden. Band 9: Sozialistischer Humanismus und humanistische Ethik. DVA, Stuttgart 1981, S. 439–518.

Fromm, Erich: Die Liebe zum Toten und die Liebe zum Lebendigen. In: ders.: Die Seele des Menschen. Ihre Fähigkeit zum Guten und zum Bösen. DVA, Stuttgart 1979.

Fromm, Erich: Die moralische Verantwortung des modernen Menschen.

In: ders.: Gesamtausgabe in zehn Bänden. Band 9: Sozialistischer Humanismus und humanistische Ethik. DVA, Stuttgart 1981.
Fromm, Erich: Psychoanalyse und Religion. Diana, Konstanz 1966.
DGB: Globale Ungleichheit verschärft sich. In: klartext 4/2017. http://www.dgb.de/themen/++co++cb5619ca-e473-11e6-af1a525400e5a74a [leicht gekürzt; Zugriff: 17.1.2017].
Gerechtigkeit und Ungerechtigkeit. In: Karadzic, Vuk Stephanovic (Hg.): Volksmärchen der Serben. Reimer, Berlin 1854. http://www.zeno.org/Märchen/ M/Serbien/Vuk+Stephanovic+Karadzic:+Volksmärchen+der+Serben [Zugriff: 13.10.2016].
Grossman, Paul / Reddemann, Luise: Achtsamkeit. Wahrnehmen ohne Urteilen – oder ein Weg, Ethik in der Psychotherapie zu verkörpern? In: Psychotherapeut 61/2016 (3). doi: 10.1007/s00278-016-0097-0.
Gruen, Arno: Der Verlust des Mitgefühls. Über die Politik der Gleichgültigkeit. 11. Aufl. dtv, München 2016.
Häbel, Hannelore: Rezension vom 7.03.2014 zu: Manfred Liebel: Kinder und Gerechtigkeit. Über Kinderrechte neu nachdenken. Beltz Juventa, Weinheim/Basel 2013. In: socialnet Rezensionen. https://www.socialnet.de/rezensionen/14426.php [Zugriff: 3.12.2016].
Hildegard von Bingen: Sybille vom Rhein. University of Minnesota Duluth. Deutsche Mittelalterliche Musik. Projekt von Dane Bush für Potsdam. Mai Kurs 2007 mit Michael Mullins. http://www.d.umn.edu/~bush0165/Page5-Hildegard.html [Zugriff: 2.11.2016].
Hinsch, Wilfried: Die gerechte Gesellschaft. Eine philosophische Orientierung. Reclam, Stuttgart 2016.
Judt, Tony: Dem Land geht es schlecht. Ein Traktat über unsere Unzufriedenheit. Hanser, München 2011.
Kessler, Wolfgang: Gefährlicher Egoismus. In: Publik Forum 21/2016, 4.11.2016, S. 12–16.
Kienbaum, Jutta: Entwicklungsbedingungen von Mitgefühl in der Kindheit. In: Gestalt Theory 36.2, 2014, S. 117–128.
Kierkegaard, Søren: Der Liebe Tun. Etliche christliche Erwägungen in Form von Reden. Diederichs, Köln 1966.
Klassen, Janina: Clara Schumann. Hochschule für Musik und Theater, Hamburg 2008. http://mugi.hfmt-hamburg.de/artikel/Clara_Schumann [Zugriff: 2.11.2016].
Kleist, Heinrich von: Michael Kohlhaas. 3. Aufl. S. Fischer, Frankfurt a. M. 2008.

Kutzbach, Carl-Josef: Erzähl mir von Freiheit und Gerechtigkeit. Eine Tagung in Bad Boll über Märchen und Menschenrechte. In: Deutschlandfunk, 25.5.2006. http://www.deutschlandfunk.de/erzaehl-mir-von-freiheit-und-gerechtigkeit.1148.de.html?dram:article_id=179862 [Zugriff: 13.9.2016].

Levine, Stephen: Sein lassen. Heilung im Leben und im Sterben. Kamphausen, Bielefeld 1997.

Liebel, Manfred: Kinder und Gerechtigkeit. Beltz Juventa, Weinheim/ Basel 2013.

Liedloff, Jean: Auf der Suche nach dem verlorenen Glück. Gegen die Zerstörung unserer Glücksfähigkeit in der frühen Kindheit. C.H. Beck, München 2005.

Lown, Bernard: Die verlorene Kunst des Heilens. Anstiftung zum Umdenken. Schattauer, Stuttgart / New York 2002 (englische Originalausgabe: The Lost Art of Healing. Practicing Compassion in Medicine. Ballantine, New York 1999).

Maes, Jürgen: Psychologische Überlegungen zu Rache. In: Berichte der Arbeitsgruppe »Verantwortung, Gerechtigkeit, Moral« 76/1994. http://psydok.psycharchives.de/jspui/handle/20.500.11780/397 [Zugriff: 13.10.2016].

Maio, Giovanni: Den kranken Menschen verstehen. Für eine Medizin der Zuwendung. Herder, Freiburg i. Br. 2016.

Märchen aus Benin. Märchensammlung. SONAFA, Schorndorf o.J. http://www.sonafa.de/maerchensammlung.html [Zugriff: 3.1.2017].

Marckmann, Georg / Jox, Ralf J.: Ethik in der Medizin. Ethische Grundlagen medizinischer Behandlungsentscheidungen – Auftaktartikel zur Serie. In: Bayerisches Ärzteblatt 9/2013, S. 442–445. http://www.bayerisches-aerzteblatt.de/fileadmin/aerzteblatt/ausgaben/2013/09/einzelpdf/BAB_9_2013_ 442_445.pdf [Zugriff: 27.3.2017].

Modehn, Christian: Rupert Neudeck und Albert Camus. ReligionsPhilosophischer Salon. 1. Juni 2016. http://religionsphilosophischer-salon.de/keys/allein-kann-man-nicht-gluecklich-sein [Zugriff: 23.5.2017].

Montada, Leo: Gerechtigkeitsmotiv und Eigeninteresse. In: Zeitschrift für Erziehungswissenschaft 1/1998 (3), S. 413–430.

Nyima Rinpoche, Chökyi / Shlim, David R.: Medizin und Mitgefühl. Arbor, Freiburg i. Br. 2006.

Petri, Horst: Geschwister – Liebe und Rivalität. Die längste Beziehung unseres Lebens. Kreuz, Freiburg i. Br. 2012.

Politikerin wirft Berliner Senator Henkel Sexismus vor. In: Zeit Online,

23.9.2016. http://www.zeit.de/politik/deutschland/2016-09/cdu-frank- henkel-sexismus-vorwuerfe [Zugriff: 8.10.2016].
Reddemann, Luise: Imagination als heilende Kraft. Ressourcen und Mitgefühl in der Behandlung von Traumafolgen (Leben lernen). 19. Aufl. Klett-Cotta, Stuttgart 2016.
Richter, Horst Eberhard: Lernziel Solidarität. Rowohlt, Reinbek bei Hamburg 1974.
Rösing, Ina: Der verwundete Heiler. Kritische Analyse einer Metapher. Asanger, Kröning 2007.
Roster, Danielle: Die großen Komponistinnen. Insel, Frankfurt a. M. 1998.
Scharfetter, Christian: Eros therapeutikos. Liebe und Ethik in der Therapie. In: Psychotherapie, Psychosomatik und medizinische Psychologie 43, 1993, S. 254–261.
Schumann, Clara: Brief an Johannes Brahms vom 15. Oktober 1868. http://mugi.hfmt-hamburg.de/artikel/Clara_Schumann [Zugriff: 2.11.2016].
Sinclair, S. / Russell, L. B. / Hack, T. F. / Kondejewski J. / Sawatzky, R.: Measuring Compassion in Healthcare. A Comprehensive and Critical Review. In: Patient 19, Nov 2016. doi: 10.1007/s40271-016-0209-5.
Steinkamp, Hermann: Compassion als diakonische Basiskompetenz. In: Herrmann, Volker (Hg.): Diakonische Bildung. Arbeitspapiere aus der Evangelischen Fachhochschule Darmstadt 10/2008, S. 25–36. https://www.eh-darmstadt.de/fileadmin/user_upload/PDFs/Forschung/Arbeitspapier_Nr_10.pdf [Zugriff: 2.11.2016].
Tarneden, Rudi: Faire Chance für alle Kinder? In: Unicef, veröffentlicht am 14.04.2016. https://www.unicef.de/informieren/blog/2016/faire-chance-fuer-alle-kinder/110192 [Zugriff: 24.3.2017].
Thomése, P. F.: Schattenkind. Berlin-Verlag, Berlin 2004.
Tischner, Heinrich: Etymologie. »barmherzig, erbarmen«. heinrich-tischner.de, Bensheim 2005. http://www.heinrich-tischner.de/22-sp/2wo/wort/idg/deutsch/b/barm.htm [Zugriff: 3.1.2017].
Vogt, Elke / Vogt, Jochen: Und höre nur, wie bös er war. Randbemerkungen zu einem Klassiker für Kinder. In: Richter, Dieter / Vogt, Jochen (Hg.): Die heimlichen Erzieher. Kinderbücher und politisches Lernen. Rowohlt, Reinbek bei Hamburg 1974.
Volksmärchen der Serben. Nebst einem Anhang von mehr als 1.000 serbischen Sprichwörtern. Gesammelt und hg. von Wuk Stephanowitsch

Karadschitsch. Ins Deutsche übersetzt von dessen Tochter Wilhelmine. Mit einer Vorrede von Jacob Grimm. G. Reimer, Berlin 1854.
Weltärztebund / World Medical Associatopn, WMA: Handbuch der ärztlichen Ethik. o.O. 2005. http://www.bundesaerztekammer.de/fileadmin/user_upload/downloads/WMA_aerztliche_Ethik.pdf [Zugriff: 22.5.2017].
Zingerle, Ignaz / Zingerle, Joseph: Kinder- und Hausmärchen aus Süddeutschland (Regensburg 1854). Nachdruck. Borowsky, München 1980.
Zitzlsperger, Helga: Über das Gerechtigkeitsempfinden von Kindern und Jugendlichen beim Hören von Märchen. In: Lox, Hartlinda / Lutkat, Sabine / Kluge, Dietrich (Hg.): Dunkle Mächte im Märchen und was sie bannt. Recht und Gerechtigkeit im Märchen. Forschungsbeiträge aus der Welt der Märchen, im Auftrag der Europäischen Märchengesellschaft. Königsfurt-Urania, Kiel 2007, S. 141–167.

Literaturverzeichnis von Sylvia Wetzel

Aitken Roshi: Ethik des Zen. Diederichs, München 1989.
Arendt, Hannah: Ich will verstehen. Selbstauskünfte zu Leben und Werk. Piper, München 2005.
Arendt, Hannah: Menschen in finsteren Zeiten. Piper, München 2001.
Arendt, Hannah: Vita activa oder Vom tätigen Leben. Piper, München 2002.
Armstrong, Karen: Die Achsenzeit. Vom Ursprung der Weltreligionen. Siedler, München 2006.
Armstrong, Karen: Die Botschaft. Der Weg zu Frieden, Gerechtigkeit und Mitgefühl. Pattloch, München 2012.
Ayya Khema: Die vier Ebenen des Glücks. Die Anweisungen des Buddha zum Glücklichsein. Jhana, Oy-Mittelberg 1997.
Bauschke, Martin: Die Goldene Regel. Staunen – Verstehen – Handeln. ebv, Berlin 2010.
Batchelor, Stephen: After Buddhism. Rethinking the Dharma for a Secular Age. Yale University Press, New Haven / London 2015 (dt.: Jenseits des Buddhismus. edition steinrich, Berlin 2017).
Beck, Ulrich: Macht und Gegenmacht im globalen Zeitalter. Neue weltpolitische Ökonomie. Edition Zweite Moderne. Suhrkamp, Frankfurt a. M.

Brodbeck, Heinz : Säkulare Ethik. Aus westlicher und buddhistischer Perspektive. Edition Steinrich, Berlin 2015.

Comte-Sponville, André: Ermutigung zum unzeitgemäßen Leben. Ein kleines Brevier der Tugenden und Werte. 3. Aufl. Rowohlt, Reinbek bei Hamburg 2014.

Comte-Sponville, André: Kann Kapitalismus moralisch sein? 2. Aufl. Diogenes, Zürich 2011.

Gerhardt, Volker: Öffentlichkeit. Die politische Form des Bewusstseins. Beck, München 2012.

Haidt, Jonathan: The Righteous Mind. Why Good People Are Divided by Politics and Religion. Pantheon Books, New York City 2012.

Jaspers, Karl: Einführung in die Philosophie. Zwölf Radiovorträge. Piper, München 1971.

Judt, Tony: Das vergessene 20. Jahrhundert. Die Rückkehr des politischen Intellektuellen. 3. Aufl. Hanser, München 2010.

Khanna, Parag: Wie man die Welt regiert. Eine neue Diplomatie in Zeiten der Verunsicherung. Berlin-Verlag, Berlin 2011.

Mason, John: Postkapitalismus. Grundrisse einer kommenden Ökonomie. Suhrkamp, Berlin 2015.

Nussbaum, Martha C.: Gerechtigkeit oder Das gute Leben. Suhrkamp, Berlin 1999.

Okumura, Shohaku: Die Verwirklichung der Wirklichkeit. »Genjokoan« – der Schlüssel zu Dogen-Zenjis Shobogenzo. Kristkeitz, Heidelberg 2014.

Pinker, Steven: Gewalt. Eine neue Geschichte der Menschheit. S. Fischer, Frankfurt a. M. 2011.

Pieper, Josef, Über die Hoffnung. Topos, Kevelaer 2014.

Pieper, Josef: Hoffnung und Geschichte. Der Mensch und seine Zukunft. Topos, Kevelaer 2013.

Popper, Karl R.: Die offene Gesellschaft und ihre Feinde. Band I: Der Zauber Platons. 7. Aufl. J. C. B. Mohr, Tübingen 1992.

Roth, Gerhard: Aus Sicht des Gehirns. 4. Aufl. Vollst. überarb. Neuaufl. Suhrkamp, Frankfurt a. M. 2015.

Sloterdijk, Peter: Du mußt dein Leben ändern. Über Anthropotechnik. Suhrkamp, Frankfurt a. M. 2009.

Staemmler, Frank M.: Das Geheimnis des Anderen – Empathie in der Psychotherapie. Wie Therapeuten und Klienten einander verstehen. Klett-Cotta, Stuttgart 2009.

Tillich, Paul: Mut zum Sein. Furche, Hamburg 1965.
Tillich, Paul: Wesen und Wandel des Glaubens. Ullstein, Berlin 1975.
Tillich, Paul: Gesammelte Werke (GW). Bd. 3. Evangelisches Verlagswerk, Stuttgart 1959.
Tillich, Paul: Gesammelte Werke (GW). Bd. 6. Evangelisches Verlagswerk, Stuttgart 1959.
Tillich, Paul: Gesammelte Werke (GW). Bd. 10. Evangelisches Verlagswerk, Stuttgart 1959.
Tsomo, Karma Lekshe: Töchter des Buddha. Leben und Alltag spiritueller Frauen im Buddhismus heute. Diederichs, München 1991.
Turner, Victor: Das Ritual. Struktur und Anti-Struktur. Campus, Frankfurt am Main 2005.
Ulrich, Bernd: Sagt uns die Wahrheit! Was die Politiker verschweigen und warum. Kiepenheuer & Witsch, Köln 2015.
Wetzel, Sylvia: Achtsamkeit und Mitgefühl. Klett-Cotta, Stuttgart 2014.
Wetzel, Sylvia: *edition tara libre* (Schriften, Bücher und CDs im Selbstverlag). www.sylvia-wetzel.de.
Wetzel, Sylvia: Frei und Verbunden. Der Weg der Bodhisattvas. Ein Kommentar zu den sechs Paramitas. edition tara libre, Ludwigsfelde 2012.
Wetzel, Sylvia: Fülle leben. Umgehen mit schwierigen Gefühlen [in Vorbereitung].
Wetzel, Sylvia: Das Herz des Lotos. Frauen und Buddhismus. Neuausgabe. edition steinrich, Berlin 2010.
Wetzel, Sylvia: Hoch wie der Himmel. Theseus, Berlin 2010.
Wetzel, Sylvia: Leichter leben. 2. Aufl. Lehmanns Media, Leipzig 2013.
Wetzel, Sylvia: Meditation. Hindernisse und Chancen [in Vorbereitung].
Wetzel, Sylvia: Mut zur Muße. Sich Zeit gönnen für das Wesentliche. Scorpio, München 2017.
Wetzel, Sylvia: Vertrauen. Finden, was uns wirklich trägt. Scorpio, München 2015.
Wetzel, Sylvia: Worte wirken Wunder. 2. Aufl. Lehrmanns Media, Leipzig 2017.
Zotz, Volker: Buddha. Rowohlt, Reinbek bei Hamburg 1991.
Zotz, Volker: Geschichte der buddhistischen Philosophie. Rowohlt, Reinbek bei Hamburg 1996.
Zotz, Volker: Auf den glückseligen Inseln. Buddhismus in der deutschen Kultur. Theseus, Berlin 2000.

Verzeichnis der Übungen